古代歷史文化 研究輯刊

二九編

王明蓀 主編

第 12 冊

跨越邊界的禮與俗
——明代東亞使節文化書寫研究（1450～1620）（下）

廖敏惠 著

國家圖書館出版品預行編目資料

跨越邊界的禮與俗——明代東亞使節文化書寫研究（1450
～1620）（下）／廖敏惠 著 -- 初版 -- 新北市：花木蘭文化
事業有限公司，2023〔民112〕
目 4+158 面；19×26 公分
（古代歷史文化研究輯刊 二九編；第12冊）
ISBN 978-626-344-156-9（精裝）
1.CST：外交史 2.CST：明代
618   111021686

ISBN-978-626-344-156-9

9 786263 441569

古代歷史文化研究輯刊
二九編 第十二冊   ISBN：978-626-344-156-9

跨越邊界的禮與俗
——明代東亞使節文化書寫研究（1450～1620）（下）

作　　者　廖敏惠
主　　編　王明蓀
總 編 輯　杜潔祥
副總編輯　楊嘉樂
編輯主任　許郁翎
編　　輯　張雅淋、潘玟靜　美術編輯　陳逸婷
出　　版　花木蘭文化事業有限公司
發 行 人　高小娟
聯絡地址　235 新北市中和區中安街七二號十三樓
　　　　　電話：02-2923-1455 ／傳真：02-2923-1452
網　　址　http://www.huamulan.tw 信箱 service@huamulans.com
印　　刷　普羅文化出版廣告事業
初　　版　2023 年 3 月
定　　價　二九編 23 冊（精裝）新台幣 70,000 元

跨越邊界的禮與俗
——明代東亞使節文化書寫研究（1450～1620）（下）

廖敏惠　著

目

次

上 冊

第一章 緒 論 ……………………………………… 1

第一節 研究動機與背景 ……………………… 2

一、研究時代之界定 ……………………… 2

二、禮俗之界定 …………………………… 6

三、東亞朝貢國家之界定 ………………… 8

第二節 使節書寫的歷史發展與重要性 ………… 12

一、使節的義界 …………………………… 12

二、使節書寫的歷史發展 ………………… 17

三、使節書寫之研究意義 ………………… 20

第三節 文獻探討與評述 ……………………… 22

一、明與朝鮮往來研究之評述 …………… 24

二、明與琉球往來研究之評述 …………… 28

三、明與安南往來研究之評述 …………… 32

第四節 研究範圍與視角 ……………………… 35

一、文獻評述及研究文本選定 …………… 35

二、研究方法 ……………………………… 39

三、研究架構與預期貢獻 ………………… 42

第二章 走進異域：明使節與東亞朝貢國家之
　　　　往來……………………………………… 45
　第一節 明代的對外關係……………………………… 46
　第二節 明與朝鮮使節往來情形……………………… 48
　　一、明以前與朝鮮交往情形……………………… 49
　　二、明代與朝鮮往來情形………………………… 51
　第三節 明使節出使琉球情形………………………… 54
　　一、明以前與琉球交往情形……………………… 54
　　二、明代與琉球往來情形………………………… 55
　第四節 明與安南使節往來情形……………………… 60
　　一、明以前與安南的關係………………………… 61
　　二、明代與安南的關係…………………………… 66

第三章 禮與華同：明使節出使朝鮮的文化觀看
　　　　與認同……………………………………… 77
　第一節 明使節的空間感知差異……………………… 78
　　一、明與朝鮮的交通路線………………………… 79
　　二、從關內到關外的個殊心境…………………… 81
　　三、鴨綠江之文化意涵…………………………… 99
　第二節 明使節文化尋訪與自我認同………………… 102
　　一、迎詔儀式紀實………………………………… 104
　　二、人情・風物・文化…………………………… 110
　　三、見證與導正…………………………………… 114
　第三節 箕子與金四月：明與朝鮮的共同意識與
　　　　　唱和……………………………………… 122
　　一、文化轉移視域下的箕子……………………… 124
　　二、不以華夷別的孝女金四月…………………… 142

第四章 殊方同俗：明使節出使琉球的域外探奇
　　　　與訪俗……………………………………… 151
　第一節 目睹與親歷：海洋視域的開展與閱歷…… 152
　　一、明與琉球的交通路線………………………… 153
　　二、初次航海：驚惶交集………………………… 154
　　三、海象奇景・怖畏懷鄉………………………… 166
　第二節 風俗采集與觀察……………………………… 172
　　一、冊封實況：盛大莊嚴………………………… 172

　　二、采集琉球民情風物 ····················· 175

　　三、回望與體道 ···························· 178

　第三節　天妃崇拜與節慶：明與琉球的共同信仰

　　　　　與習俗 ···························· 182

　　一、天妃崇拜的傳播 ······················ 183

　　二、中國節慶的復現 ······················ 187

下　冊

第五章　禮遵明制：明使節出使安南的記憶重構

　　　　與共鳴 ······························· 193

　第一節　至安南沿途景觀的體驗與心境轉折 ······ 193

　　一、明與安南的交通路線 ··················· 194

　　二、伴雨而行：自況思歸心境 ··············· 199

　　三、走在水陸錯綜的驛道上 ················· 210

　第二節　明使節對安南的異域認知與自我想像 ···· 220

　　一、以楚騷書寫異邦 ······················ 221

　　二、雜糅夷俗之冊封現場 ··················· 223

　　三、遊街：異域觀看 ······················ 227

　　四、紀實與想像 ·························· 231

　　五、傳說與親歷 ·························· 235

　第三節　禮儀規範：明與安南的共同體制與

　　　　　對話 ···························· 240

　　一、禮制文物統合為一 ···················· 241

　　二、語言殊途文字同歸 ···················· 247

第六章　結論與展望 ···························· 259

　第一節　使節書寫的意義與特色 ················ 259

　　一、移動書寫與空間感知 ··················· 259

　　二、親歷異域與觀看書寫 ··················· 261

　　三、使節詩賦的深層意義 ··················· 262

　第二節　使節書寫的影響 ····················· 268

　第三節　未來展望 ·························· 271

引用書目 ································· 275

附　錄 ································· 309

表目次

表 1-1　現存土木堡之變後到萬曆年間使朝鮮
　　　　作品 ……………………………………… 36
表 1-2　土木堡之變後到萬曆年間錄於朝鮮
　　　　《皇華集》之明使作品 ………………… 36
表 2-1　現存土木堡之變後到萬曆年間使琉球
　　　　作品 ……………………………………… 38
表 3-1　現存土木堡之變後到萬曆年間使安南
　　　　作品 ……………………………………… 39
表 2-2　上、下天妃宮之比較說明 ……………… 187
表 3-2　經南寧入安南之路線一覽表 …………… 196
附表 1-1　王氏高麗時期明使節出使朝鮮一覽表 ·· 309
附表 1-2　李氏朝鮮時期明使節出使朝鮮一覽表 ·· 310
附表 1-3　明與朝鮮使節往來一覽表 …………… 318
附表 1-4　明土木堡之變後至萬曆年間使節出使
　　　　　朝鮮作品及收錄於朝鮮《皇華集》之
　　　　　作品一覽表 …………………………… 333
附表 2-1　琉球三山時代統一前明使節出使琉球
　　　　　一覽表 ………………………………… 334
附表 2-2　琉球三山時代統一後明使節出使琉球
　　　　　一覽表 ………………………………… 335
附表 2-3　明與琉球使節往來一覽表 …………… 336
附表 3-1　明洪武年間至安南屬明前出使一覽表 ·· 338
附表 3-2　明宣德安南獨立後至明末使節出使
　　　　　一覽表 ………………………………… 340
附表 3-3　明與安南使節往來一覽表 …………… 342
附表 3-4　明使節出使安南作品一覽表 ………… 344

圖目次

附圖 1　明使節龔用卿、朱之蕃使朝鮮路線圖 …… 347
附圖 2　明使節郭汝霖使琉球路線圖 …………… 348
附圖 3　明使節魯鐸、張弘至使安南路線圖 …… 349
附圖 4　明使節潘希曾使安南路線圖 ………… 350

第五章　禮遵明制：明使節出使安南的記憶重構與共鳴

　　明初出使安南的作品，「多是國內山河文物之頌，入交後的作品甚少。」
〔註1〕，惟土木堡之變後至萬曆年間使節書寫漸趨多元，進入安南之後的作品也
較多。究其原因，主要來自於明朝士大夫對安南集體的歷史記憶與共同想像。王
明珂指出：「所謂的『歷史記憶』，就是人們藉此追溯社會群體的共同起源（起源
記憶），及其歷史流變，以詮釋當前該社會人群各層次的認同與區分……。在『歷
史記憶』的結構中，通常有兩個因素——血緣關係與地緣關係——在『時間』中延續
與變遷。因此『歷史記憶』可詮釋或合理化當前的族群認同與相對應的資源分配、
分享關係。」〔註2〕土木堡之變後至萬曆年間深入安南，並與當地君臣、頭目對
話者漸多，有利於出使安南的使節作品從書寫國內山河文物，擴展到其徵實後的
歷史記憶及親歷安南真實觀看後的重整（aggregation/re-integration）。

　　爰此，本章分為三節進行探究：第一節敘述明使節至安南沿途景觀的體驗
與心境轉折，第二節闡釋明使節對安南的異域認知與自我想像，第三節析論禮
儀規範：明與安南的共同體制與對話，最後總結明使節出使安南的意義。

第一節　至安南沿途景觀的體驗與心境轉折

　　西元 10 世紀以前的安南，均為中國轄屬的郡縣之一。北宋初期，安南自

〔註1〕陳文源：〈明朝士大夫的安南觀〉，《史林》第 4 期（2008 年 4 月），頁 113。
〔註2〕王明珂：〈歷史事實、歷史記憶與歷史心性〉，《歷史研究》第 5 期（2001 年），
　　　　頁 137～138。

立稱帝，並向宋遣使貢物，成為一個獨立的國家。此後，安南除在永樂年間曾短暫納入明朝版圖外（1407～1427），其餘皆與中國保持「藩屬關係」。因此，安南與中國間的交往可謂相當頻繁。

安南（今越南北部）疆域與中國的廣西、雲南邊境相接壤，無河海阻隔，兩國地理上的親緣關係，為彼此的往來提供了有利的條件。唐人盧藏用〈景星寺碑銘〉記載馬援交（安南）邕（今廣西南寧）古道，〔註3〕說明很早就已開通與安南的道路。宋元時期，水陸交通有了長足的發展，道路數量更是增加，道上的活動也更為豐富多元。到了明朝，因永樂帝曾統治安南，對於安南進行多項交通措施，〔註4〕從而影響明朝中後期驛路、貢道的發展。〔註5〕

土木堡之變後到萬曆年間，出使安南的使節作品，延續明初如張以寧《安南紀行集》〔註6〕及任亨泰《使交稿》〔註7〕等的創作形式，大多自奉命出使後寫起。這段時間使安南的作品中，針對沿途驛站、景觀環境有清楚記載者，為走桂邕路線的魯鐸與張弘至，及走廣邕路線的潘希曾與孫承恩等。惟目前尚無任何文獻針對此一時期使節沿途使錄見聞進行分析研究。爰此，以下分別以前述幾位使節所經路線為主軸，以奉使時間為順序，旁及其他同使安南且同經該地使節所記詩文，來分析使節在前往安南的行旅過程中，所見地景的知覺感受與體驗，從而比較兩條不同驛路的外在經驗與內在感知所呈現的風貌及其意義。

一、明與安南的交通路線

據《明萬曆續文獻通考》載，明朝至安南的交通道路大致有三：一是由廣西入安南，二是由廣東入安南海道，三是由雲南入安南。漢代伏波將軍馬援滅交趾，並立銅柱為界者，係由廣東走海路入安南。宋朝時期，改由廣西道入安南，至於由雲南入安南段，則是於明朝開通的。〔註8〕

〔註3〕《全唐文》，卷 238，頁 2408-2。

〔註4〕《明實錄》（明太宗實錄），卷 68、77、80，頁 958、1046、1069～1070。

〔註5〕永樂五年（1407）平安南，置交址布政司。當時入交址道路有三，一由廣西，一由雲南，一由廣東。楊正泰：〈明代國內交通路線初探〉，《歷史地理》第 7 輯（1990 年 7 月），頁 103。

〔註6〕《翠屏集》，《景印文淵閣四庫全書》，集部，第 1226 冊，卷 2，頁 53～54，總頁 1226-568、1226-569。

〔註7〕《景印狀元任先生遺稿》，未編頁。

〔註8〕《明萬曆續文獻通考・四裔考》：「入交道三；一由廣西，一由廣東，一由雲南。由廣東，則用水軍，伏波以來皆行之。廣西道，宋行之。雲南道，皇明始開。」

　　明朝前往安南交通便利，海路部分，因著工商人潮、物流從京師進入安南的商路，大致分為兩條，一是京師到桂州入安南，另一是京師到廣東入安南，其中包含使節所經之桂邕驛路（廣西桂州到邕州）及廣邕（廣東廣州到邕州）驛路。

　　邕州，即廣西南寧市的前身。晉元帝建武二年（318）南寧設治，古稱邕州，唐改南晉州置，治宣化。後來又曾改稱宣化縣、邕寧縣，元為邕州路，元朝泰定元年（1324）改邕州路為南寧路（路是地方建制的等級名稱，相當於後來的府），南寧之名才由此開始。明清有南寧府。〔註9〕以下分就二驛路進行說明。

（一）京師經廣西桂林至邕寧入安南

　　明初建立全國驛傳制度，在南京北京設置會同館，京城以外則稱為水馬驛站、遞運所、急遞鋪，〔註10〕以便公差人員往來。其主要任務為遞送使客、飛報軍情、轉運軍需等項，〔註11〕並以北京及南京為驛路中心，通向各地。明太祖洪武初年，「革元中書省，以京畿應天（今江蘇南京）諸府直隸京師。」，同時，完全革除元朝行中書省制，改置十三布政使司，分領天下府州縣及羈縻諸司。〔註12〕

　　京師到桂州路段，由於前元與安南往來主要的道路是經由桂林經邕州至安南。明朝廷將安南朝貢入關的地點設在廣西憑祥，職是之故，京師到桂林的道路成為當時主要的貢道。因此，京師到桂林道上十分繁榮，大量的站、鋪、塘均設置於此，且因驛傳延伸至桂越邊境，道路的暢通得到了保障。

1. 京師至廣西桂林的驛路

　　自北京出發，經北直保定府（今河北保定市）→真定府（今河北正定縣）→順德府（今河北邢臺市）→河南彰德府（今河南安陽市）→衛輝府（今河南衛輝市）→開封府大樑驛（今河南開封市）→汝寧府（今河南汝南縣）→湖廣武昌府將臺驛（今湖北武漢市武昌東）→岳州府岳陽驛（今湖南岳州市北）→長沙府臨湘驛（今湖南長沙市南）→衡州府臨烝驛（今湖南衡陽市北）→永州府湘口驛（今湖南零陵縣北瀟湘二水合流處），廣西全州城南驛（今廣西全

　　　　《明萬曆續文獻通考》，卷235，頁14022。

〔註9〕臺灣維基百科知識線上資料：https://www.easyatm.com.tw/wiki/%E9%82%95%E5%B7%9E（2022年1月4日）。

〔註10〕清‧龍文彬纂：《明會要例略》（東海大學圖書館藏雕龍中日古籍全文資料庫影印清光緒十三年永懷堂刻本），卷75，頁14。

〔註11〕《大明會典》，卷145，頁2017-1。

〔註12〕《明史》，卷40，頁881。

州）→至桂林府 東江驛 （今廣西桂林市北）。〔註13〕

2. 桂林經南寧入安南（桂邕驛路）：

據明人黃汴《天下水陸路程》記載，明代桂林至南寧的道路，仍繼承元代的三條水陸路，〔註14〕其中，再參考使節行經路線，大致為：

自桂林府→經 蘇橋驛 （今廣西永福縣東北蘇橋）→ 三里驛 （約在今廣西永福縣東）→ 蘭麻驛 （今廣西永福縣西南大石）→ 橫塘驛 （今廣西鹿寨縣北黃冕）→ 洛容驛 （今廣西鹿寨縣西南雒容）→柳州府 雷塘驛 （今廣西柳州東門城樓外）→ 穿山驛 （今廣西柳江縣南穿山）→來賓縣 在城驛 （今廣西來賓縣城東城廂）→ 清水驛 →（今廣西來賓縣西南遷江）→賓州 在城驛 （今廣西賓陽縣東北新賓）→上林縣 思龍驛 （今廣西賓陽縣西思隴）→ 長山驛 （約在今廣西邕寧縣東北）→ 施淶驛 （約在今廣西邕寧縣東北）→至南寧府（今廣西南寧市）。

至南寧後，據李文鳳（1500～1559）《越嶠書》載，需再經過龍州、思明州、憑祥州方得入安南，其路線又分為三條，臚列如下表所示。

表 3-2　經南寧入安南之路線一覽表

序號	路　　線	所經之地	分支道路
1	經龍州入安南〔註15〕	自南寧府 建武驛 →經 大灘驛 （今廣西邕寧縣西北大灘）→羅陽縣 龍茗驛 （今廣西扶綏縣北昌平）→左州 馱樸驛 （今廣西崇左市東北馱蘆）→太平府 左江驛 （今廣西崇左市內）→ 鐙勒驛 →至龍州 龍游驛 （今廣西龍州縣城）後，經平而隘（又名平而關，在今廣西憑祥縣西北中越邊界上）、七源州（今越南諒山長定縣）至平茄社	從文蘭州右隴縣（今越南諒山省右隴縣）北山徑、鬼門關，渡昌江上游，經安世縣、安勇縣，至安越縣中市橋江北岸
			從平茄社經武崖州（今越南太原省武崖縣）山徑、司農縣（今越南太原市東南富平縣），至安越縣之北市橋上流北岸。

─────────

〔註13〕楊正泰：〈明代國內交通路線初探〉，《歷史地理》第 7 輯（1990 年 7 月），頁98。

〔註14〕明・黃汴著，楊正泰校注：《天下水陸路程》，卷 3、卷 7，第 27、11 條，頁 94～100、217～219。

〔註15〕明・李文鳳撰：《越嶠書》，《四庫全書存目叢書》（臺南：莊嚴文化事業有限公司，1997 年影印北京大學圖書館藏明藍格鈔本），史部，載記類，第 162 冊，卷 1，頁史 162-674。

2	經思明州入安南〔註16〕	南寧至鎧勒驛後，轉南經思明府明江驛（今廣西寧明縣城內），經摩天嶺、思陵州（今廣西寧明縣南思陵）、祿平州（今越南諒山省祿平縣），東南過車裡江，經安博州（今越南北江省山洞縣）至鳳眼縣	經保祿縣，渡昌江。 經諒江府（今越南諒山省諒佳縣），至安越縣南市橋江北岸合。
3	經憑祥入安南〔註17〕	南寧府至龍州或思明州之後，再由憑祥州憑祥驛（今廣西憑祥市）鎮南關（今廣西友誼關）出發，然後經文淵州（今越南諒山省同登縣）、坡壘驛（今越南南關）、諒山衛、溫州（今越南諒山省溫縣）之北險徑、鬼門關、新鹿村，經保祿縣（今越南北江省諒江縣），渡昌江（今越南商江），至安越縣（今越南北江省越安縣）市橋江下流北岸，經慈山府、東岸縣、嘉林縣，渡富良江至安南城。 自憑祥入安南途中，所經的驛站分別為：坡唯站→洞濮站→不濮站→不傅（博）站→卜鄰站→濮上站→丕禮站→昌江站→市橋站→呂瑰站，渡富良江至安南城。〔註18〕	

綜上觀之，相較於元朝，明朝從京師到桂州至安南沿途的驛站數量增多，且驛站之設置延伸至邊境，如龍州、思明州、憑祥州等城市，足見當時京師到桂州入安南道路的發展已具相當規模，而明使節則多從憑祥入安南。

（二）京師到廣州入安南

洪武四年（1371），太祖於廣東置廣東都衛，後改都衛為廣東都指揮使司。〔註19〕從京師經廣州進入安南的道路，再細分為兩段：即北京至廣州，以及廣州至安南。

1. 北京至廣州的驛路

自北京，經山東德州→濟寧州（今山東濟寧市）→南直徐州（今江蘇徐州市）→鳳陽濠梁驛（今安徽鳳陽縣臨淮關西）→江西九江潯陽驛（今江西九江市西）→南昌府南浦驛（今江西南昌市西）→臨江府蕭灘驛（今清江縣臨江鎮東）→吉安府螺川驛（今江西吉安市南）→贛州府水西驛（今江西贛州市西

〔註16〕《越嶠書》，《四庫全書存目叢書》，史部，載記類，第162冊，卷1，頁史162-674。

〔註17〕《越嶠書》，《四庫全書存目叢書》，史部，載記類，第162冊，卷1，頁史162-674。

〔註18〕《天下水陸路程》，卷7，第11條，頁218。

〔註19〕《明史》，卷45，頁1133。

北）→南安府[橫浦驛]（今江西大庾縣南）→廣東南雄府[凌江驛]（今廣東南雄市南）→韶州府[芙蓉驛]（今廣東韶關市南）→至廣州府[五羊驛]（今廣東廣州市南）。〔註20〕

2. 廣州經梧州至安南（廣邕驛路）

自京師至廣州後，再由憑祥進入安南。據明人黃汴所著《天下水陸路程》記載，廣東至安南的水陸路，是從[廣州府]出發，經[官窯驛]（今廣東南海北官窯）→[西南驛]（今廣東三水市西南鎮）→肇慶府[崧臺驛]（今廣東肇慶市）→[新村驛]（今廣東德慶縣東南悅城）→德慶州[壽康驛]（今廣東德慶縣德慶鎮）→封川縣[麟山驛]（今廣東封開縣南封川西）→梧州府[府門驛]（今廣西梧州市）→藤縣[藤江驛]（今廣西藤縣城內）→[黃丹驛]（今廣西平南縣東南丹竹）→平南縣[烏江驛]（今廣西平南縣西北烏江）→尋州府[府門驛]（今廣西桂平市城內）→[東津驛]（今廣西貴港市東東津）→貴縣[懷澤驛]（今廣西貴港市東）→[香江驛]（今廣西貴港市南香江）→（烏蠻灘）→[烏蠻驛]（今廣西貴港市西南烏村）→橫州[州門驛]（今廣西橫縣城內）→[火烟驛]（今廣西橫縣西南火烟）→永淳縣[永淳驛]（今廣西橫縣西北巒城）→[黃範驛]（約在今廣西南寧市南）→南寧府[建武驛]（今廣西南寧市內）→[大灘驛]（今廣西邕寧縣西北大灘）→羅陽縣[隴茗驛]（今廣西扶綏縣北昌平）→左州[馱樸驛]（今廣西崇左市東北馱蘆）→太平府[左江驛]（今廣西崇左市內）→龍州[龍游驛]（今廣西龍州縣城）→至憑祥州[憑祥驛]（今廣西憑祥市），然後進入安南境內。〔註21〕從憑祥入安南途中，再經以下幾個驛站：坡唯站→洞濮站→不濮站→不博站→卜鄰站→濮上站→丕禮站→昌江站→市橋站→呂瑰站，渡富良江至安南城。〔註22〕

由上可知，經由廣東進入安南的道路十分曲折迂迴，由於憑祥驛是明朝與安南的交通樞紐，故這條道路十分重要。

明初洪武年間出使安南的使臣張以寧、牛諒、林弼及吳伯宗等，均由南京經廣邕驛路，也就是古交邕道路入安南。然而，出使安南的記載有限，記錄亦不甚完整。惟張以寧與林弼，分別以文集《翠屏集》與《林登州集》記錄他們從南京溯長江，經廣州、南寧段（即廣邕驛路）入安南的相關詩歌，證明在明

〔註20〕楊正泰：〈明代國內交通路線初探〉，《歷史地理》第7輯（1990年7月），頁99。
〔註21〕《天下水陸路程》，卷7，第11條，頁217～219。
〔註22〕《天下水陸路程》，卷7，第11條，頁218。

代古交邑道路仍舊通暢，可是較無法通盤了解明代往安南的交通發展情形及其便捷性。

　　土木堡之變後至萬曆年間，前往安南的交通更為便利。就現存史料觀之，使節至安南，多選擇走「桂邑驛路」，意即於進入廣西境內後，由廣西桂林府→梧州府→南寧府進入安南。如孝宗弘治十八年（1505）的張弘至，及武宗正德元年（1506）的魯鐸等。而另一部分使節，則選擇「廣邑驛路」，意即從廣東南雄府→廣州府→廣西梧州府→南寧府入安南者，如英宗天順六年（1462）的錢溥、武宗正德七年（1514）的湛若水和潘希曾；以及武宗正德十六年（1521）的孫承恩等。

二、伴雨而行：自況思歸心境

　　土木堡之變後使節開始大量發展山水游觀的記錄，發抒使途所見所聞及感知。本小節將分析武宗正德初年，使節奉旨走「桂邑驛路」赴安南所書寫的陸路地景文學。作者將分別依魯鐸在湖南一帶獨行路段苦中作樂，及進入廣西境內後，與張弘至結伴而行思歸情切等部分，分析說明如下。

（一）湘地獨行：苦樂交織

　　明武宗正德皇帝即位時，原擬派翰林院修撰倫文敘（1467～1513）出使安南，然偏不幸於途中遇父喪，故改命魯鐸出使安南，頒即位詔。〔註23〕魯鐸，字振之，號蓮北，湖廣景陵（今湖北天門縣）人。弘治十五年（1502）進士，歷任編修。〔註24〕魯鐸入翰林院時，閉門斂跡，不事交游，為編修時，益加沉潛於學問。〔註25〕魯鐸奉使安南夷邦，因「卻金珠之饋」，〔註26〕深得安南人稱讚，《明史》稱其「以德望重於時」，〔註27〕所作《使交稿》，收錄他奉使安南的紀錄。〔註28〕（魯鐸使安南路線圖詳見附錄圖3）

　　魯鐸將第一首〈潛江縣阻雨〉，作為此次出使移動過程中，起點的觀看之道：

〔註23〕《明實錄》（明武宗實錄），卷11，頁360。
〔註24〕《明史》，卷163，頁4433。
〔註25〕明·王圻撰：《明萬曆續文獻通考》（新北：文海出版社，1979年），卷206，頁12188～12189。
〔註26〕《國朝典故》，卷35，頁643。
〔註27〕《明史》，卷163，頁4433。
〔註28〕錢仲聯、傅璇琮、王運熙、章培恆、陳伯海、鮑克怡主編：《中國文學大辭典》（臺北：建宏出版社，1999年），頁902。

連日南榮阻雨聲，朝來猶未見朱明。親闈引首才三舍，王事驚心第一程。文錦被寒廻短夢，素琴絃澀負長清。客懷自與愁相值，曉鏡真堪白髮生。〔註29〕

潛江縣在今湖北省中南部，位於魯鐸的家鄉景陵（今湖北天門縣）南方。〈潛江縣阻雨〉作為出使安南第一站的敘述，可推知魯鐸於正德元年（1506）三月奉王命之後，自京師返鄉與家人道別再出發。作者藉王褒（前90～前51）〈思忠〉：「玄武步兮水母，與吾期兮南榮。」〔註30〕句，暗指南方之行。下一句再用「朱明承夜兮，時不可以淹。」〔註31〕，暗示連日下雨，至出發當天還未見到太陽，出師之時天公不做美。潛江距離家鄉景陵不遠，故鄉雙親無不翹首盼望著。作為此行的開端，雨不但是阻礙，更是因為作者肩負著朝廷的使命，受阻於氣候，令作者對這趟使程倍感壓力。而壓力也使他發愁到長白頭髮了。

魯鐸行經清化驛，見好友沈提學題壁詩，原本見好友的心情應是愉悅的，卻作〈清化驛次沈提學壁間韻〉延續前首的愁悶心情：

古驛群山裡，行人半日停。郵籤紛遠報，詩壁記曾經。殘夢驚趨闕，良朝憶過庭。乘槎南海去，敢謂跡如萍。〔註32〕

沈提學，應為沈鍾（1436～1518）。沈鍾，字仲律，上元（今江蘇南京市）人。天順四年（1460）進士，英宗授禮部驗封主事，後陞任山西僉事，不久遷至湖廣，拔擢為提學副使。個性耿直，在朝為官時無所干謁，年八十三卒，著有《休翁集》。魯鐸為其撰〈沈公墓誌銘〉。〔註33〕清化驛，明代屬岳陽府澧州，地點在今湖南臨澧縣城內，距武陵約六十里。〔註34〕

前首〈清化驛次沈提學壁間韻〉描述作者途經清化驛，見牆壁上題有沈鍾詩作，於是循壁上詩的原韻，亦作一詩。詩中延續〈潛江縣阻雨〉的心境，雨

〔註29〕《魯文恪公文集》，《四庫全書存目叢書》，集部，別集類，第 54 冊，卷 5，頁 1，總頁集 54-66。

〔註30〕清‧嚴可均校輯：《全漢文》，《全上古三代秦漢三國六朝文》（北京：中華書局，1991 年），卷 42，頁 355-2。

〔註31〕宋‧洪興祖撰，白化文等點校：《楚辭補注》（北京：中華書局，1983 年），卷 9，頁 215。

〔註32〕《魯文恪公文集》，《四庫全書存目叢書》，集部，別集類，第 54 冊，卷 5，頁 1，總頁集 54-66。

〔註33〕《明人傳記資料索引》，頁 178。

〔註34〕慳碪山館編輯：《湖南疆域驛傳總纂》（美國哈佛大學燕京圖書館數位電子文獻資料庫 *Harvard-Yenching Library Digitization Project* 影印清光緒 14 年〔1888〕重刊本），卷 8，頁 3。

天拖慢奉使進度，即使在夢裡也心驚膽跳，想起家鄉父老對自己的殷殷期盼，奉使安南之行，卻如同浮萍漾水一般，飄泊無定，令人惆悵感慨。

魯鐸來到龍陽，作〈龍陽次壁間韻〉更藉懷古，以書不負王命的心情：

> 武陵溪水帶龍陽，三涉誰云一葦杭。南下郊原方廣衍，古來風景不尋常。勝遊足跡憐司馬，奉使聲華憶解揚。似有山靈苦留客，夜來新雨又浪浪。〔註35〕

龍陽在今湖南省漢壽縣，在武陵東南方，洞庭湖旁。作者化用《詩經・衛風・河廣》：「誰謂河廣，一葦杭之。」〔註36〕的典故與想像，加之引用《左傳》霍邑人解揚不負晉景公之請託，信守承諾，誆騙楚國，解救宋國的典故，〔註37〕言即便使程受河川溪水、風雨所阻，任務無論如何艱難，仍能不負使命，抵達安南。最後一句寫一路伴雨而行的苦楚。

作者入宿軍山鋪，其〈倦宿軍山鋪〉顯出旅途的艱辛：

> 偶宿軍山下，殘垣傍竹林。敝廬仍敝榻，無席況無衾。短燭供深坐，長更助苦吟。寒饑方滿野，高枕亦何心。〔註38〕

軍山鋪，位於今湖南常德市漢壽縣，在太常山下，東連益陽，南接桃江。據顧祖禹所著之《讀史方輿紀要》載：「龍陽縣府東南八十里。南至長沙府益陽縣百里，東北至岳州府華容縣二百四十里。本漢武陵郡索縣地，後漢為漢壽縣地，

〔註35〕《魯文恪公文集》，《四庫全書存目叢書》，集部，別集類，第54冊，卷5，頁2，總頁集54-67。

〔註36〕《重栞宋本毛詩注疏附校勘記》，《重刊宋本十三經注疏附校勘記》，卷3，頁139-1。

〔註37〕《左傳・宣公十五年》：「宋人使樂嬰齊告急於晉。晉侯欲救之。伯宗曰：『不可。古人有言曰：〔雖鞭之長，不及馬腹。〕天方授楚，未可與爭。雖晉之強，能違天乎？諺曰：〔高下在心。〕川澤納污，山藪藏疾，瑾瑜匿瑕，國君含垢，天之道也，君其待之。』乃止。使解揚如宋，使無降楚，曰：『晉師悉起，將至矣。』鄭人囚而獻諸楚，楚子厚賂之，使反其言，不許，三而許之。登諸樓車，使呼宋人而告之。遂致其君命。楚子將殺之，使與之言曰：『爾既許不穀而反之，何故？非我無信，女則棄之，速即爾刑。』對曰：『臣聞之，君能制命為義，臣能承命為信，信載義而行之為利。謀不失利，以衛社稷，民之主也。義無二信，信無二命。君之賂臣，不知命也。受命以出，有死無實，又可賂乎？臣之許君，以成命也。死而成命，臣之祿也。寡君有信臣，下臣獲考死，又何求？』楚子舍之以歸。」《重栞宋本左傳注疏附校勘記》，《重刊宋本十三經注疏附校勘記》，卷24，頁407-1～407-2。

〔註38〕《魯文恪公文集》，《四庫全書存目叢書》，集部，別集類，第54冊，卷5，頁2，總頁集54-67。

三國吳析置龍陽縣，屬武陵郡。……明洪武九年，復為縣。土城周五里有奇，編戶二十九里。」〔註39〕，由上述記載回推魯鐸〈龍陽道中〉詩寫道「百里龍陽路」，常德府龍陽縣距益陽縣府約百里路程，道路崎嶇，僅軍山鋪供簡易住宿，「敝廬」「敝榻」，「無席」「無衾」，相當簡陋刻苦。稍事休息後，再行至益陽縣，足證這一路奉使路程之辛苦情狀。

魯鐸的另一首〈武陵次沈提學壁間韻留別吳廷儀〉表達另一種正向思考的心境：

> 象郡程期幾月連，馬頭日日換山川。北瞻紫極寧達咫，南遡青天或近邊。奉使冠裳真忝竊，趏人風物故清妍。同袍應有搏沙歎，笑口能開又隔年。〔註40〕

這首〈武陵次沈提學壁間韻留別吳廷儀〉同樣書寫使途遙遠漫長，皇命在眼前敦促自己前行，即便一路愁苦，魯鐸依然以朝廷賜與的榮耀，〔註41〕想像安南風物的美好，來做為繼續前行的動力。

魯鐸在龍陽一地書寫的詩歌，除表達奉使的苦楚心聲外，還有其他詩作紀錄，如〈龍陽道中〉：

> 百里龍陽路，穿林曲更斜。橋亭施旅榻，竹澗隱人家。巖鳥丹為羽，山茶玉作花。客邊詩況味，得此亦稱嘉。〔註42〕

山茶花季約從九月至隔年五月，對照作者於正德元年（1506）三月左右出發，此時大約是四、五月左右，茶花花季末期。作者寫一路穿越樹林而行，人煙稀少，所幸花鳥為伴，讓作者這樣的外地人品著此景情味，頗有苦中作樂之感。

再觀魯鐸〈益陽道中〉，似乎此地較龍陽縣顯得如詩如畫：

> 益陽南下山苕蕘，益陽道傍風物饒。翠竹丹楓映茅屋，清泉白石臨溪橋。異禽時出語歷歷，寒花自任風蕭蕭。詩中有畫見眼底，右丞往矣誰能招。〔註43〕

〔註39〕 《讀史方輿紀要》，《續修四庫全書》，史部，地理類，第 608 冊，卷 80，頁 169。

〔註40〕 《魯文恪公文集》，《四庫全書存目叢書》，集部，別集類，第 54 冊，卷 5，頁 1～2，總頁集 54-66～54-67。

〔註41〕 《使琉球錄》，《紀錄彙編》，頁 36-2。

〔註42〕 《魯文恪公文集》，《四庫全書存目叢書》，集部，別集類，第 54 冊，卷 5，頁 2，總頁集 54-67。

〔註43〕 《魯文恪公文集》，《四庫全書存目叢書》，集部，別集類，第 54 冊，卷 5，頁 3，總頁集 54-67。

益陽，在明代屬湖廣布政使司長沙府，位於今湖南北部，地處雪峰山脈東段與洞庭湖平原過渡帶。益陽既臨山脈，又為益水流經之地，山明水秀，物產豐饒。作者暫居益陽時間大約已經來到秋天，居住處所旁翠竹與丹楓圍繞，彼此相輝映。鳥鳴啾啾，秋花綻放，所見美景宛若「詩中有畫，畫中有詩」，自書美景，轉移注意力，同時沖淡了旅途的艱辛。

魯鐸行至熊羆嶺，震於山勢之高聳，寫下〈熊羆嶺〉：

> 登登漸上熊羆嶺，嶺樹陰森路轉平。忽見嵒雲生腳底，始驚身在半空行。〔註44〕

熊羆嶺在今湖南省衡陽市祁東縣西部，地理上屬於祁山山脈的一支，其山勢高峻重疊，似熊羆盤踞其上而得名。元傅與礪（1303～1342）形容熊羆嶺景色，說這山「百折疲登頓，纍峯互接聯。風烟含古木，雲日射寒泉。路出飛猱上，江流去鳥前。據鞍臨絕頂，注目盡遙天。」〔註45〕，極言其山勢之高聳，登嶺之驚險。魯鐸費盡千辛萬苦登上熊羆嶺後，雖見道路一片平坦，眼下腳邊白雲飄散，方驚覺身在半空中，似乎也有驚覺使途也不知不覺過了一半了。

作者行至湖廣永洲府零陵縣（今湖南永州市零陵區）〔註46〕附近，即將進入廣西省境，距離安南似乎又更近了，於是在〈零陵道中〉寫道：

> 曉出零陵道，煙光滿薜蘿。寒谿泉脉細，霜樹葉聲多。楚國山將盡，交州路幾何。肩輿坐來倦，殘日下岩阿。〔註47〕

作者言行至零陵，已經到了古楚國的邊地，眼見道路遍布原始景象，秋樹寒霜，所幸過了楚地，安南就不遠了，似有為自己加油打氣的用意。

魯鐸這一路，幾乎雨勢如影隨行，其〈興安道中雨行〉記下了雨天行走的情形：

> 軺車衝雨重垂幨，百里官程若夜行。澗底新泉聞急新，松間餘瀝辨清聲。時更郵卒聊通語，數過山峰失問名。遙想九龍張館長，瀧江

〔註44〕《魯文恪公文集》，《四庫全書存目叢書》，集部，別集類，第54冊，卷5，頁5，總頁集54-68。

〔註45〕元・傅若金撰：《傅與礪詩集》，《景印文淵閣四庫全書》（臺北：臺灣商務印書館，1983年據國立故宮博物院藏本影印），集部，別集類，第1213冊，卷4，頁10，總頁1213-228。

〔註46〕譚其驤主編：《中國歷史地圖集》（北京：中國地圖出版社，1982年），第7冊，頁66～67。

〔註47〕《魯文恪公文集》，《四庫全書存目叢書》，集部，別集類，第54冊，卷5，頁5，總頁集54-68。

蘭棹坐空明。〔註48〕

興安縣，在今廣西壯族自治區內，位於廣西的東北角，隸屬桂林市。因興安縣屬亞熱帶季風氣候，境內四分之三以上的面積是森林，溫暖多雨。作者乘車在雨中疾行，加之處森林地帶，雨天昏暗，猶如夜間行走一般，因而錯過欣賞沿途山峰美景的機會。又，灕江起源於興安縣溶江鎮靈渠口，南下為秦始皇時期所鑿的靈渠，〔註49〕沿岸有著名的九龍畫山，詩末「遙想九龍張館長，灕江蘭棹坐空明。」，表達自己雖錯過美景，好友張館長想必乘著舟，在空闊澄明的灕江水面欣賞風景。

魯鐸的另一首〈靈川道中雨行次前韻〉，更能顯出趕路的心情：

夜來雨滿興安路，今日靈川未輟行。泉底蟄龍何與事，樹頭寒鳥不成聲。僕夫沾濕能無憾，甲土衝泥出有名。萬里王程催使節，豈容安坐待晴明。〔註50〕

靈川縣，明代屬廣西承宣布政使司桂林府。位於廣西的東北部，廣西壯族自治區內，東、南、西三面環抱著桂林市，其東北與興安縣相鄰。靈川縣處於中亞熱帶季風氣候區，四季分明，雨量充沛。作者一路不停趕路，風雨無阻，肇因王命在身，無法一刻停歇。〈興安道中雨行〉及〈靈川道中雨行次前韻〉兩首詩，都表達魯鐸在有限的交通工具下，天候不良的艱難情況中，靠著堅強的意志，寄情詩歌書寫，方能完成萬里使程。

（二）桂境同行‧共觀奇景

由現存史料觀之，張弘至約從南京或浙江出發，宿杭州府附近吳山驛、瀨江驛，之後乘舟，入宿江西草萍驛，過南昌、豐城（明朝江西承宣布政使司南昌府豐城縣）、袁州、橫州、湘口驛等，至廣西境內蘇橋驛與魯鐸會合。〔註51〕

〔註48〕《魯文恪公文集》，《四庫全書存目叢書》，集部，別集類，第54冊，卷5，頁6，總頁集54-69。
〔註49〕《廣志繹‧西南諸省》：「灕江也，灕水源興安之海陽山，一水相離，北入楚為湘江，南入桂為灕江。灕江南下，秦始皇命史祿鑿為靈渠，取桂林、象郡。」明‧王士性著，呂景琳校：《廣志繹》（北京：中華書局，1981年），卷5，頁113。
〔註50〕《魯文恪公文集》，《四庫全書存目叢書》，集部，別集類，第54冊，卷5，頁7，總頁集54-69。
〔註51〕明‧張弘至：《萬里志》，《張東海文集》（中央研究院傅斯年圖書館館藏史語所數位典藏資料庫影印清康熙間〔1662～1722〕張氏重刊本），第9冊，卷上，頁1～16。

二人會合後，再結伴一同前往安南。（張弘至與魯鐸會合後，使安南路線圖詳見附錄圖3）

　　張弘至（生卒年不詳），字時行，號龍山，松江華亭（今上海市松江區城區）人，為明代書法家張弼之子，〔註52〕嘗自署「九龍山史」。〔註53〕弘治九年（1496）進士，授兵科給事中。〔註54〕其出使安南所作《使交錄》（又名《萬里志》，紀志萬里之程者。）〔註55〕，除記奉使安南沿途所見，另附與安南君臣和韻詩，《萬里志》今見載於其父《張東海文集》之後。

　　透過魯鐸與張弘至的書寫，記錄了在移動過程中對地方的感知，一如美籍學者段義孚（Yi-Fu Tuan）所言：「令人在移動過程中對地方有所感覺，正是與他人一起旅行的過程。」〔註56〕。前段魯鐸獨行，又適逢雨季的加深苦悶愁情，只能靠自我激勵前行的動力。進入廣西後，有張弘至結伴而行，在移動過程中碰撞出不同於前段的火花。張弘至〈宿蘇橋驛始會魯內翰偕行〉，記載兩人同行後，蘇橋驛（今廣西永福縣）附近的景觀。才行一日，道路更加荒僻不可居住，野獸出沒，動輒須以兵器相隨：〔註57〕

　　　　至後蘇橋宿，燈前客意深。亂山初聚首，長路正同心。幽賞朱弦調，
　　　　清賡素壁吟。晚來孤角起，疏雨度空林。〔註58〕
魯鐸與張弘至相遇於這亂山僻野之中，漫漫使程長路，更須要同心相伴。

　　魯鐸亦作〈蘇橋驛次韻九龍山史〉以和張詩：
　　　　駐節灕江驛，寒燈共夜深。一年長至日，萬里故園心。客路妨清賞，
　　　　夷風入短吟。君才吾避地，行復重雞林。〔註59〕
作者奉命出使中途停留在蘇橋驛理事，在寒冷的燈燭下，與張弘至相伴到夜深。在這漫長的夜晚，獨行的魯鐸終於盼到與張弘至會合，心情自是激動不已，因此引用白居易（772～846）〈江樓聞砧〉「萬里故園心」〔註60〕詩句，除了是

〔註52〕《明人傳記資料索引》，頁518。
〔註53〕《萬里志》，《張東海文集》，第9冊，卷上〈萬里志自敘〉，頁8。
〔註54〕《明史》，卷180，頁4798。
〔註55〕《萬里志·自敘》，《張東海文集》，第9冊，卷上，頁8。
〔註56〕《移動 Mobility》，頁100。
〔註57〕《萬里志》，《張東海文集》，第9冊，卷上，頁16。
〔註58〕《萬里志》，《張東海文集》，第9冊，卷上，頁16。
〔註59〕《魯文恪公文集》，《四庫全書存目叢書》，集部，別集類，第54冊，卷5，頁7，總頁集54-69。
〔註60〕唐·白居易著，顧學頡校點：《白居易集》（北京：中華書局，1999年），卷10，頁200。

對故鄉的思念，也是遇到同伴後產生的親切感。接著回到正向積極的心態，運用心理學所謂的「情感置換」（transposition of affect）〔註61〕方式，以賦詩吟頌賞玩的心態取代旅途的苦悶，迎向接下來的使途。

行至來賓縣界，見景色奇絕，張弘至作〈沙堡奇石〉二首，記所見之奇觀：

石屏林立逼清流，懸處巉岩俯客舟。半世紙囪疑墨本，也應天遣縱雙眸。〔註62〕

又

兩崖奇陗闊差池，玉筍璆文暎水湄。若使元章曾一過，不知袍笏拜多時。〔註63〕

「元章」，指宋代書畫家米芾。米芾（一作黻）（1051～1107），酷愛奇石，多有收藏，〔註64〕曾見奇醜巨石，整理衣冠而跪拜之，呼之為兄弟。〔註65〕張弘至與魯鐸在來賓縣處改為搭舟前行，見兩岸石屏林立，以岩石的視角「俯」看客舟，形容山勢之高聳奇峭。再以山形色如美玉映水邊，必能引來米芾拜石，極言該地石屏之奇異怪特。

魯鐸則以〈白沙灘壁嶂奇絕殆不可畫次九龍韻〉詩相和道：

丹崖翠嶂映清流，天趣無窮到客舟。他日畫圖逢馬夏，也應無足注雙眸。〔註66〕

「馬夏」，據《南宋院畫錄》載，南宋院畫派如李唐、劉松年、馬遠及夏珪等，有四大家之稱。〔註67〕明人繪畫，多師法馬遠、夏珪；〔註68〕論畫，多馬、夏並稱。〔註69〕魯鐸見沿岸層巒疊嶂，江山如畫，層層疊疊深淺不一的碧綠，從

〔註61〕張春興：《張氏心理學辭典》（臺北：臺灣東華書局股份有限公司，1989年），頁202。

〔註62〕《萬里志》，《張東海文集》，第9冊，卷上，頁16。

〔註63〕《萬里志》，《張東海文集》，第9冊，卷上，頁16～17。

〔註64〕昌彼得，王德毅，程元敏，侯俊德等編：《宋人傳記資料索引》（臺北：鼎文書局，2001年），頁541。

〔註65〕《宋史》，卷444，頁13123。人稱「米元章拜石」。宋·費袞撰：《梁溪漫志》（中央研究院漢籍電子文獻資料庫影印清乾隆鮑廷博校刊本），卷6，頁13-2。

〔註66〕《魯文恪公文集》，《四庫全書存目叢書》，集部，別集類，第54冊，卷5，頁7，總頁集54-69。

〔註67〕《四庫全書總目提要》，卷113，頁2362。

〔註68〕明·葉盛撰，魏中平校點：《水東日記》（北京：中華書局，1980年），卷3，頁31；明·高濂編撰，王大淳校點：《遵生八箋》（成都：巴蜀書社，1992年），頁562。

〔註69〕明·郎瑛著：《七修類稿》（北京：中華書局，1959年），卷21，頁321。

山邊至江水，一路延伸至客舟，空間與色彩的延展性，引發作者與古人同遊作畫的心緒。

　　兩人行經賭命灘，一同作〈賭命灘〉詩，記載其河道彎曲，水流急湍之勢：

　　超超行路不辭難，萬里還過賭命灘。

　　不為簡書催使節，肯將身向此中拚。〔註70〕（魯鐸）

賭命灘，在今廣西忻城樂灘，一般俗稱「惡灘」或「鬼灘」，因其水中多暗礁，灘險連環，加之河道兩岸高山對峙，人煙稀少陰森，令人心生恐懼之感。且行船過程中，一旦誤觸水中嶙立礁石，極易翻船，故名「賭命灘」。魯鐸寫行經賭命灘之困難，再次強調了作者不辭艱難，不負皇命的心情。張弘至則記下過賭命灘之可怕情形：

　　晚度祥牁賭命灘，灘聲黿吼勢回山。長年力盡面如土，贏得殘生一

　　線間。〔註71〕

張弘至紀錄賭命灘，不僅記所見，更在〈萬里志序〉云，志的用意，在於「使民觀之，審其險夷，察其通塞，而有定向」。〔註72〕張弘至寫過賭命灘聽到灘水湍急聲似黿龍吼叫，其勢迴盪山間，能過此灘已用盡氣力，面色土灰。魯鐸的〈賭命灘〉，寫為了奉使任務拚賭上性命，張弘至的〈賭命灘〉，則把焦點放在賭命灘聲勢浩大可怖。

　　古塔（達）灘在今廣西壯族自治區來賓市興賓區正龍鄉附近，灘勢險急，魯鐸與張弘至行經此地，分別作〈古塔（達）灘〉記述其奇景：

　　古塔灘，注山窪，飛湍屈曲如奔蛇。中流惡石故激怒，跳珠濺雪紛

　　交加。鏘鏘爭走萬甲士，刺刺倒露千狼牙。官舟一葉百夫挽，安危

　　祇與毫氂差。我時攀巖過絕壁，四顧莫非猿所家。倦來坐石却俯看，

　　握拳吐石生咨嗟。九龍山史好奇甚，哦詩但道山水嘉。更嗟來日舍

　　舟去，磨崖不及親鐫攛。〔註73〕（魯鐸）

魯鐸以奔蛇之勢，形容古塔（達）灘水之湍急，因為河道狹窄，水流聲如怒吼，拍打沿岸之勢，猶攜甲疾走的千軍萬馬，舟行其上，驚險萬分。等到渡過古塔

〔註70〕《魯文恪公文集》，《四庫全書存目叢書》，集部，別集類，第54冊，卷5，頁8，總頁集54-70。

〔註71〕《萬里志》，《張東海文集》，第9冊，卷上，頁17。

〔註72〕《萬里志‧序》，《張東海文集》，第9冊，卷上，頁1。

〔註73〕《魯文恪公文集》，《四庫全書存目叢書》，集部，別集類，第54冊，卷5，頁7～8，總頁集54-69、54-70。

（達）灘後，再回看來時所經之路，不覺後怕。而同行的張弘至則對山石奇景十分好奇，早已忘卻來時的驚險，作詩吟詠說此地山水風景極佳。一方面呈現攀崖絕壁的驚險，一方面也對造物者的鬼斧神工心生感嘆。

張弘至〈古達（塔）灘〉道出古達（塔）灘水勢之大，水流之急，以及挽舟人纜繩之情：

> 古達灘高水似傾，激流頑石鬥相撐。舟人驚挽蝦鬚纜，自笑何緣萬里行。〔註74〕

眼見古達（塔）灘水流湍急，挽舟人驚恐萬分地纜著舟繩，不禁自嘲自己為什麼經歷這驚險萬分的旅程。

兩人行至龍州，已是廣西西南邊境。張弘至有〈龍州〉詩，寫接近目的的心情：

> 馱江雙鷁度龍州，今日真成萬里遊。身世北來從汗漫，江山南極更清幽。蠻邦共向衣冠化，塞草全經雨露柔。自是皇風無遠近，瘴煙消盡海嵐收。〔註75〕

龍州，位於今廣西壯族自治區西南方，左江（麗江）上游，古水路要道——明江下游地帶。張弘至寫乘船行鷁〔註76〕過龍州，經歷北方廣大無邊的景物，再看南方邊境之地，更顯風景秀麗幽靜。蠻族異邦受到明朝華化的影響，衣冠文物悉從明制，自然是因為皇恩，使得南方瘴氣盡消。作者表達來到龍州，離目的地更近之外，更因蠻族異邦接受明朝教化，心情愉悅，使得所見景緻，都因受大明雨露之恩而顯得可親可愛。

張弘至與魯鐸同使安南，聯句詩成為彼此抒發情感的載體。如〈南寧山行聯句〉：

> 策馬南寧道【魯】，涼風起夕陽。路盤山脊險【張】，泉帶壑聲長。
> 巢鳥驚還定【魯】，湍魚隱復揚。軍容森候騎【張】，詩札富奚囊。
> 客久知蠻語【魯】，村遙見野粧。肩夫花抹額【張】，欸長繡迴裳。
> 樹翳牛羊徑【魯】，嚴開黍稷場。遠青新燒苗【張】，疏白老株芳。
> 行急常兼傳【魯】，眠安每憶航。素飱慚共爨【張】，清話愜連床。

〔註74〕《萬里志》，《張東海文集》，第9冊，卷上，頁20～21。
〔註75〕《萬里志》，《張東海文集》，第9冊，卷上，頁22。
〔註76〕行船的意思。古時為行船順利，在船頭畫鷁鳥，表示善飛翔而不畏風。典出宋·梅堯臣〈送謝寺丞新賜及第赴扶溝宰〉。《全宋詩》，卷246，頁2862。

歲逼寒尤靳【魯】，時侵意自強。理琴鳴鶴調【張】，倚劍發龍光。
宵夢關王事【魯】，鄉心入壽觴。會教施涐吏【張】，傳檄過憑祥。
【魯】〔註77〕

吳訥（1372～1457）《文章辨體序說・聯句詩》載：「聯句始著於《陶靖節集》，而盛於退之、東野。考其體，有人作四句，相合成篇，若《靖節集》中所載是也。又有人作一聯，若子美與李尚書之芳及其甥宇文或聯句是也。復有先出一句，次者對之，就出一句，前人復對之，相繼成章，則昌黎、東野《城南》之作是也。」〔註78〕。「聯句詩」從最初的各自表述，發展到後來發生了變化，句與句之間意義逐漸相互連接，詩作更具整體感與一致性。〔註79〕由上可知，聯句是由兩位或兩位以上的詩人輪流作詩分吟，合成一首集體創作詩歌。所作句式，有一人一句一韻，一聯兩句一韻，甚至兩句以上者，依次作詩輪流相續，聯成一篇。作聯句詩之二、三人或數人，必彼此性情志趣相投，能力相當，方得為之。

南寧府，即元代的南寧路。明洪武元年（1368）設為府，轄下領七個州（橫州、新寧州、上思州、歸德州、果化州、忠州及下雷州），三個縣（宣化縣、隆安縣、永淳縣），約在廣西布政司東北方一千二百里。〔註80〕明初奉使安南之使臣林弼，寫南寧為「天南第一關」，即使是邊疆城鎮，依舊好江山。〔註81〕

此詩先由魯鐸出句，接著張弘至對句成一聯，再由張弘至出句，輪流相續，最後成篇。兩人主要相續寫南寧道山路險惡，邊關駐守軍隊陣容森嚴，邊疆少數民族衣著粧容外，仍不忘表達身負王命，趕快過邊關好赴安南。既寫山林險惡，又書林壑奇景。接著，張弘至在聯句中說道「鄉心入壽觴」，或許正是旅行中途「思歸」心理意識的表現，於是趕快接著說「會教施涐吏」，魯鐸接「傳檄過憑祥」，概括地說請施涐驛的官吏幫忙，趕快通過憑祥。劉苑如提到：「當旅行者興起歸歟之思時，通常也就是旅行動機逐漸消失之際，於是就往往採用概括方式迅速增加敘述的速度，以迄於結束。」〔註82〕，張弘至從奇景與思歸

〔註77〕 《萬里志》，《張東海文集》，第9冊，卷上，頁22～23。
〔註78〕 明・吳訥：《文章辨體序說》（香港：太平書局，1965年），頁57～58。
〔註79〕 李菁芳：《聯句詩研究》（臺中：逢甲大學中國文學所碩士論文，1998年），頁68。
〔註80〕 《明史・地理志》，卷45，頁1158。
〔註81〕 《林登州集》，《景印文淵閣四庫全書》，集部，第1227冊，卷5，頁12～13，總頁1227-45、1227-46。
〔註82〕 劉苑如：〈涉遠與歸返──法顯求法的行旅敘述研究〉，《空間與文化場域：空間移動之文化詮釋》（臺北：漢學研究中心，2009年），頁322。

情緒後，魯鐸續以快速通關的語氣，即是劉苑如所說「採用概括方式迅速增加敘述的速度，以迄於結束」的速決感。

三、走在水陸錯綜的驛道上

相較於張弘至與魯鐸由北向南走桂邕驛路到安南，同樣是出使安南的湛若水與潘希曾，則選擇走東西向的廣邕驛路。據應檟（1493～1553）《蒼梧軍門志》載，明武宗正德五年（1510）二月，安南後黎王朝襄翼帝黎晭遣國人譚慎徽、阮文泰來明朝奏事，並遣阮綱、武幹、阮允元等前來請封。到了正德七年（1512），明武宗命翰林院編脩湛若水、刑科右給事中潘希曾前往安南錫封。〔註83〕焦竑（1540～1620）《國朝獻徵錄》也說，武宗詔潘希曾偕湛若水奉使安南。〔註84〕此事，雖《明史》、《明實錄》未載，然《七修類稿》〔註85〕與《大越史記全書》〔註86〕均有記載。

潘希曾以詩記沿途所見，收錄於其《竹澗集》，〔註87〕返國後作〈求封疏〉向正德皇帝報告奉使安南的日程，及詳述安南目之所遇、心之所感。〔註88〕而湛若水除作使交詩外，返國後又作〈交南賦〉，分別收錄於其《甘泉湛子古詩選》〔註89〕及《樵風》〔註90〕二書。另外，湛若水、潘希曾與安南後黎王朝襄翼帝黎晭之唱和詩，則收錄於《大越史記全書》。〔註91〕又，潘希曾旅途所見詩錄較為集中且有脈絡，爰本節以潘希曾使交詩為主，輔以湛若水的詩作為證，分析二人行走廣邕驛路其水陸路多重景觀，並比較此段路線與張弘至、魯

〔註83〕《蒼梧軍門志》：「五年春二月，（安南黎）晭遣其國人譚慎徽、阮文泰來奏事，阮綱、武幹、阮允元來請封。七年，命翰林院編脩湛若水、刑科右給事中潘希曾往錫封。」明・應檟編輯：《蒼梧軍門志》（中央研究院漢籍電子文獻資料庫影印明嘉靖三十二〔癸丑〕年〔1553〕刊本），卷28，頁26-1、26-2。

〔註84〕《國朝獻徵錄》，卷40，頁43-1、43-2。

〔註85〕《七修類稿》，卷41，頁606。

〔註86〕《大越史記全書》，卷15，頁773。

〔註87〕《竹澗集》，《景印文淵閣四庫全書》，集部，第1266冊，卷1、2，頁4-27，總頁1266-648～1266-659、9-28，總頁1266-664～1266-673。

〔註88〕明・潘希曾撰：《竹澗集》，《文津閣四庫全書》（北京：商務印書館，2005年影印中國國家圖書館藏本），集部，別集類，第423冊，卷9，頁334。

〔註89〕《甘泉湛子古詩選》，《廣州大典》，第56輯，集部，別集類，第4冊，卷2-4，頁710～739。

〔註90〕《樵風》，《廣州大典》，第56輯，集部，別集類，第4冊，卷1-4，頁770～800。

〔註91〕《大越史記全書》，卷15，頁773～774。

鐸之桂邕驛路的異同。

（一）使途遙遠孤獨

潘希曾（1476～1532）字仲魯，號竹澗，浙江金華人，有《竹澗集》及《奏議》傳於世。〔註92〕弘治十五年（1502）進士，官至兵部左侍郎，又因長於治河而名聲顯著。〔註93〕據潘希曾〈求封疏〉載，於正德七年（1512）二月初六領節及奉詔前往安南，正德八年（1513）正月十七入安南國，二月初八出關而回。〔註94〕潘希曾前受宦官劉瑾迫害，遭調南京任職。〔註95〕受命奉使安南，自京師領命，再由南京清河（清口驛，地濱淮河，遺址位於今已廢之黃河南大橋東約800公尺處）出發，途經鎮江府京口驛（位於今古運河畔皇華〔黃花〕亭一帶），一路向南，再由玉山（懷玉驛，在今江西玉山縣城西）穿越江西省境，接著由萍鄉（位於江西省西部）進入湖廣省境。乘船換馬後，由湖廣靖州（今湖南省靖州苗族侗族自治縣）進入廣西省，走東西向廣邕驛路直至安南。（潘希曾使安南路線圖詳見附錄圖4）

潘希曾的〈曉發清河〉，書寫乘舟出發的心情：

> 破曉發孤艇，春和風不驚。推篷煙樹濕，盪槳浪花明。野色入淮迥，
>
> 河流帶濟清。江湖萬里去，獨抱古人情。〔註96〕

作者於清晨搭船起程，「孤艇」寫他自行出發，「春和風不驚」再用春天風和表達出發時的平順，再敘寫行船沿途景色，同時心懷尚友古人之情。

而另一首〈京口即事〉，則表現驛站的美好風光：

> 行盡東風愛日長，京江風日似錢塘。望知酒旆心先醉，吟對花枝句
>
> 亦香。浪裏金山妨短屐，雲邊鐵甕倚危檣。長安到此三千里，更擬
>
> 揚舲過楚湘。〔註97〕

京口驛，位於今江蘇省鎮江市古運河東岸皇華亭（俗稱黃花亭）一帶，鎮江古稱京口，是以名之為「京口驛」。又因地屬長江與運河交匯處，自古即是南北

〔註92〕《明人傳記資料索引》，頁776。

〔註93〕《四庫全書總目提要》，卷171，集部24，別集類24，頁3655。

〔註94〕《竹澗集》，《文津閣四庫全書》，集部，別集類，第423冊，卷9，頁334。

〔註95〕《明史》，卷304，頁7790。

〔註96〕《竹澗集》，《景印文淵閣四庫全書》，集部，第1266冊，卷1，頁7，總頁1266-649。

〔註97〕《竹澗集》，《景印文淵閣四庫全書》，集部，第1266冊，卷1，頁7，總頁1266-649。

水、陸路的重要驛道。〔註98〕作者行船到京口附近，見京口的風光好似故鄉浙江錢塘，「望知酒旆心先醉，吟對花枝句亦香」僅見酒旆即心醉，吟詩對花都覺得詩香情濃，可見作者的好心情，然而，在描寫京口驛當下風光後，轉而帶出思鄉情誼，及乘風破浪的心境。

潘希曾離開南京後，走山路穿過玉山進入江西省。其〈過玉山書懷〉，書寫旅途的堅苦，以及漸生的迷惘之情：

> 一別長安路五千，幾同雲裏望青天。山從絕頂朝驅馬，水向高源夜
> 放船。蒲艾漸香臨午日，風霜飽歷任流年。本來帶得煙霞疾，歌入
> 滄浪意惘然。〔註99〕

玉山，位於今江西省東北部，隸屬江西省上饒市，因其境內有懷玉山而得名。「一別長安路五千」，距離家鄉又更遙遠了，這一路騎馬走山路又乘舟走水路，亦於夜間行船趕路。從春天走到端午時節，使途時間冗長，本來已經身染疾病，來到這個地方，因路程中的困頓而感到懷疑人生，內心更加迷惘。出使安南長途跋涉，令使節容易心生迷惘，走陸路的魯鐸亦是如此。

詩之時間和空間的敘述相當勻稱，潘希曾以「山從絕頂……，水向高源……」表達空間上的翻山越嶺，一路風塵僕僕之景，兼以「……朝驅馬，……夜放船」表達時間上夙興夜寐，宵衣旰食，兼程前進的辛勤，這樣的寫作句法，正是：「時空不斷延續和變化，而內容也隨之而延展與轉換；時空既作為聯繫、也成為區別從一地經歷到另一地經歷的主要手段。」〔註100〕

潘希曾的〈南昌道中〉更進一步發抒離鄉客子的心情：

> 客子去何適，鳩聲斷復啼。陰晴五月半，天地大江西。水遠湘流合，
> 山重嶺嶠迷。向來弧矢意，不敢憚航梯。〔註101〕

南昌，位於今江西省北部，西有梅嶺西山，中有河湖點綴。張弘至行經南昌有〈南昌柬林粹夫〉，〔註102〕給好友林廷玉（1454～1532，字粹夫），盡寫奉使

〔註98〕 《隋書》：「京口東通吳、會，南接江、湖，西連都邑，亦一都會也。……數郡川澤沃衍，有海陸之饒，珍異所聚，故商賈並湊。」《隋書》，卷31，頁887。

〔註99〕 《竹澗集》，《景印文淵閣四庫全書》，集部，第1266冊，卷1，頁7，總頁1266-649。

〔註100〕 劉苑如：〈涉遠與歸返——法顯求法的行旅敘述研究〉，《空間與文化場域：空間移動之文化詮釋》，頁321。

〔註101〕 《竹澗集》，《景印文淵閣四庫全書》，集部，第1266冊，卷1，頁8，總頁1266-650。

〔註102〕 張弘至〈南昌柬林粹夫〉：「慷慨風煙萬里秋，章江如舊客重遊；寧親空憶趨

心聲。〔註 103〕此處，即便過玉山抒發迷惘心情，潘希曾仍然不忘奉使遠大任務，縱然長途跋涉，歷經險阻，也不敢因此而心生退卻。換言之，長途跋涉引發中途放棄的心情是有的，然皇命在身，縱使山高水遠，也不能中途逃離。

潘希曾另一首〈泊湘東〉，則表達客子的孤獨：

> 殘暑侵陵困未蘇，短篷閒倚欲長吁。不聞更漏憐村僻，漸轉星河見夜徂。萬里瀟湘梧葉落，百年天地野航孤。思蓴勝有秋風興，未卜歸途是坦途。〔註 104〕

湘東為湖廣邊境，張弘至行至湘東，有〈湘東登舟〉，表達其數日以來，陸路而行，甚為苦厭，終於可棄馬乘舟，心中極為快適。〔註 105〕而潘希曾詩中「思蓴」，意即「思蓴」、「思鱸蓴」，此處作者化用西晉文人張翰因見秋風起，而思念起吳中菰菜、蓴羹、鱸魚膾的典故，〔註 106〕來表達自己的思鄉之情，尤其獨自前行時，更顯得迷惘。而其另一首〈長沙秋日〉，〔註 107〕則深切表達秋日的愁思。

使節到安南的驛路，不脫 2〜3 條路線，不同的使節對於同樣的旅程，卻有著不同的感受。例如行經龍陽道，對於從湖北出發的魯鐸而言，龍陽道只是使途的剛開始，因此，其〈龍陽道中〉反映奉使的心聲。而對於遠從南京清河出發的潘希曾而言，卻是迢邐使途的一半，因而在兩人在〈龍陽道中〉詩歌的表現上不盡相同：

> 山城百里道，多半在岧嶤。岫濕含雲氣，崖香長藥苗。野田荒作路，古木仆為橋。日暮西風急，吟蟬抱葉飄。〔註 108〕

庭對，奉使何能為國謀？嵐舞蛟龍雙旆遠，雲移霄漢一帆收。魚城更報先祠在，春信歸槎十日留。」《萬里志》，《張東海文集》，第 9 冊，卷上，頁 3。

〔註 103〕《明人傳記資料索引》，頁 291。

〔註 104〕《竹澗集》，《景印文淵閣四庫全書》，集部，第 1266 冊，卷 1，頁 9，總頁 1266-650。

〔註 105〕張弘至〈湘東登舟〉：「日日勞勞歷萬重，湘東舴艋意偏濃；悠然已過湖南境，一夜潺湲聽不窮。」《萬里志》，《張東海文集》，第 9 冊，卷上，頁 6。

〔註 106〕《晉書·列傳第六十二》：「張翰，字季鷹，吳郡吳人也。……翰因見秋風起，乃思吳中菰菜、蓴羹、鱸魚膾，曰：『人生貴得適志，何能羈宦數千里以要名爵乎！』遂命駕而歸。」《晉書》，卷 92，頁 2384。

〔註 107〕〈長沙秋日〉：「六月長沙早見秋，涼風吹雨暮颼颼。不憂卑濕能為患，稍喜炎蒸欲解鞿。賈傅廟荒侵薜荔，屈原沙冷叫鉤輈。南來未覺江湖遠，對此令人動別愁。」《竹澗集》，《景印文淵閣四庫全書》，集部，第 1266 冊，卷 1，頁 9，總頁 1266-650。

〔註 108〕《竹澗集》，《景印文淵閣四庫全書》，集部，第 1266 冊，卷 1，頁 10，總頁 1266-651。

潘希曾見百里龍陽道逶迤難行，道路荒廢，古木傾倒，似乎連秋風也吹得急了。作者以秋風吹急，來表達趕路的心情。而魯鐸的〈龍陽道中〉表現的是苦中作樂的心情，兩者不盡相同。

　　又如〈過熊羆嶺〉，魯鐸寫熊羆嶺山勢之高聳，登嶺之困難；張弘至寫熊羆嶺蒼翠亙天，〔註109〕而潘希曾則從另一個角度書寫，別有一番滋味：

　　　衡陽又過熊羆嶺，冀北誰傳鴻鴈書。廊廟關心趨走地，年華回首別離初。梅橫野市春寒淺，竹映沙村夕照虛。十里浯溪天漸暝，磨崖碑畔暫躊躇。〔註110〕

熊羆嶺在今湖南省衡陽市祁東縣西部，據張弘至《萬里志》載，雄（熊）羆嶺在祁陽縣東，……此嶺極高，與南嶽相峙。〔註111〕磨崖碑，指的是唐肅宗上元二年（761），由元結撰文、顏真卿所書寫的《大唐中興頌》。〔註112〕該頌於大曆六年（771）刻於永州祁陽（今湖南祁陽縣內）浯溪邊臨湘江的石崖上，文末有「湘江東西，中直浯溪，石崖天齊。可磨可鑴，刊此頌焉，何千萬年。」〔註113〕，因而一般通稱為「磨崖碑」。據程章燦〈漢唐石刻：中國式的紀念與記憶〉云：「刻石從現實作用看，可以起到宣揚功德的作用；從歷史意義上說，又有著紀念與記憶的效果。」〔註114〕，作者從衡陽過了熊羆嶺，想著朝廷關心此次出使情形，面對著千古歷史的遺跡，眼前還未完成任務，內心的感慨不禁湧上心頭。

（二）伏波意象之集體書寫

　　湛若水（1466～1560），字元明，號甘泉，增城人（今廣東廣州增城區）。明孝宗弘治年間，師事陳獻章。弘治十八年（1505）中進士，授授翰林院編修。歷任南京國子監祭酒、禮部侍郎、南京吏、禮、兵三部尚書。〔註115〕湛若水在翰林院時，王守仁在吏部講學，若水與之相應和，築西樵講舍，學者稱增城

〔註109〕　《萬里志》，《張東海文集》，第9冊，卷上，頁10。
〔註110〕　《竹澗集》，《景印文淵閣四庫全書》，集部，第1266冊，卷1，頁17～18，總頁1266-654～1266-655。
〔註111〕　《萬里志》，《張東海文集》，第9冊，卷上，頁10。
〔註112〕　《全唐文》，卷380，頁3859-1。
〔註113〕　《全唐文》，卷380，頁3859-1。
〔註114〕　程章燦：〈漢唐石刻：中國式的紀念與記憶〉，《圖書館雜誌》第2期（2012年2月），頁99。
〔註115〕　《明史》，卷283，頁7266～7267。

先生或甘泉先生。嘉靖三十九年（1560）卒，年九十五，諡號文簡，著有《二禮經傳測》、《春秋正傳》、《古樂經傳》、《格物通》、《心性書》、《揚子折衷》、《遵道錄》、《甘泉新論》、《白沙詩教解註》、《甘泉集》等。〔註116〕

　　據〈交南賦〉載，湛若水奉命往封安南國王，於正德七年（1512）二月七日出京，隔年（正德八年，1513）正月十七日始達其國。〔註117〕又蔣冕（1462～1532）為湛若水母親所作〈明封太孺人陳氏墓誌銘〉云：「既而，太孺人以三女在故鄉，五年不相見，思以一歸，元明又奉命冊封安南國王，遂便道侍太孺人以歸。」〔註118〕，湛若水使安南途中，順道送母親還鄉。是以，湛若水由家鄉廣東增城走廣邕驛路，與潘希曾一同前往安南。在藤江驛一帶，兩人會合後，湛若水作〈藤江雨中〉記錄兩人同行：

> 臘月既望，我徂自藤。雲木翳翳，零雨其冥。有山如戟，有石如城。
> 雲飧雨立，僕夫於征。聯我蘭舟，與子同行。念彼室處，感茲靡寧。
> 〔註119〕

作者引《詩經》典故，以四言詩形式，表達與潘希曾相會後的雨中登舟，共同面對未知困境的同行之誼。

　　湛若水與潘希曾結伴出使安南，不免賦詩唱和，以紀錄沿途見聞。兩人的次韻詩首見於橫州謁馬伏波祠，潘希曾先作〈橫州馬伏波祠〉：

> 烏蠻灘上伏波祠，萬里南來酹一卮。薏苡不妨成貝錦，功名終許勒
> 宗彝。雲連草樹疑精爽，地雜華夷仰護持。屈指雲臺舊時將，幾人
> 廟食尚天涯。〔註120〕

潘希曾詩中「薏苡不妨成貝錦」，係《後漢書・馬援傳》載：「初，援在交阯，常餌薏苡實，用能輕身省慾，以勝瘴氣。南方薏苡實大。援欲以為種，軍還，載之一車。時人以為南土珍怪，權貴皆望之。援時方有寵，故莫以聞。及卒後，

〔註116〕　《明人傳記資料索引》，頁 626～627。
〔註117〕　《樵風》，《廣州大典》，第 56 輯，集部，別集類，第 4 冊，卷 2，頁 1，總頁 765。
〔註118〕　明・蔣冕撰：《湘臯集》，《四庫全書存目叢書》（臺南：莊嚴文化事業有限公司，1997 年影印上海圖書館藏明嘉靖三十三年王宗沐等刻本），集部，別集類，第 44 冊，頁 296。
〔註119〕　《樵風》，《廣州大典》，第 56 輯，集部，別集類，第 4 冊，卷 3，頁 3，總頁 771。
〔註120〕　《竹澗集》，《景印文淵閣四庫全書》，集部，第 1266 冊，卷 2，頁 11，總頁 1266-665。

有上書譖之者，以為前所載還，皆明珠文犀。」〔註121〕。馬援（前14～49），字文淵，東漢扶風茂陵人。因南征交趾，受封為伏波將軍，後世遂稱為馬伏波。〔註122〕作者除引《後漢書》「薏苡之謗」，表達對於馬援即使遭受讒謗，蒙受冤屈，仍不掩其蓋世功業的想法之外，又以馬援雖未奉入雲臺二十八將之列，〔註123〕仍在華（明朝）夷（安南）之地受後人景仰護持。

據《奉使安南水程日記》載：「烏蠻灘水險惡，有十里餘，遡舟頗難，名曰『烏蠻灘』。」〔註124〕。烏蠻灘位於今廣西南寧市橫縣東六十里處，其上有伏波祠廟，為祈求水程平安之用。又據《橫州志》烏蠻灘上的馬伏波廟，係宋仁宗慶曆年間橫州知州所修。〔註125〕明太祖洪武初年奉使安南之使臣王廉、林弼奉太祖之命重修。〔註126〕

林弼（生卒年不詳）重修伏波廟後，以〈伏波廟〉「南征昔日此登臨，遺廟空山尚至今。萬里風雲常慘澹，千章松桂自蕭森。麒麟安用丹書像，薏苡難誣清白心。愁聽烏蠻江上笛，夕陽一曲武溪深。」〔註127〕表達像馬援這樣的傑出武將，〔註128〕何必用丹書繪其畫像〔註129〕、薏苡仁可以汙衊清白的呢？

〔註121〕《後漢書》，卷24，頁846。
〔註122〕《後漢書》，卷24，頁827、838。
〔註123〕雲臺二十八將分別為：鄧禹、吳漢、賈復、耿弇、寇恂、岑彭、馮異、朱祐、祭遵、景丹、蓋延、銚期、耿純、臧宮、馬武、劉隆、馬成、王梁、陳俊、杜茂、傅俊、堅鐔、王霸、任光、李忠、萬脩、邳彤、劉植、王常、李通、竇融，以及卓茂等。《後漢書‧朱景王杜馬劉傅堅馬列傳》：「永平中，顯宗追感前世功臣，乃圖畫二十八將於南宮雲臺，其外又有王常、李通、竇融、卓茂，合三十二人。」《後漢書》，卷22，頁789～790。
〔註124〕《黃忠宣公文集》，《四庫全書存目叢書》，集部，別集類，第27冊，卷1，頁9，總頁27-221。
〔註125〕《橫州志》：「伏波廟在烏蠻灘，……宋慶曆間，知州任粹重修，有碑記。明洪武初，翰林編修王廉、吏部主事林唐臣（林弼）封安南詔，以援昔討交趾，立銅柱，功甚大，命廉等就祀之。廉至烏蠻灘，見廟宇傾圮，乃令州民重葺。」清‧朱秀纂，謝鍾齡修：《橫州志‧秩祀志》（美國哈佛大學燕京圖書館中國地方志數位電子文獻資料庫 Harvard-Yenching Library Chinese Local Gazetteers Digitization Project 影印清乾隆11年〔1746〕重刊本），卷8，頁10。
〔註126〕《明史》，卷321，頁8310。
〔註127〕《林登州集》，《景印文淵閣四庫全書》，集部，第1227冊，卷5，頁11～12，總頁1227-45。
〔註128〕《晉書‧顧和傳》：「和二歲喪父，總角便有清操，族叔榮雅重之，曰：『此吾家麒麟，興吾宗者，必此子也。』」，以麒麟比喻傑出人才。《晉書》，卷83，頁2163。
〔註129〕司馬遷：〈報任少卿書〉，收錄於《文選》，卷41，頁1860。

同是明初使安南的張以寧（1301～1370），以〈烏岩灘馬伏波祠〉就眼前即時景物，感懷馬援，書寫內心的感慨。〔註130〕

英宗天順六年（1462）出使安南的錢溥寫馬援銅像立於江濱，祠廟所在孤峰雄峙，遏阻洄瀾，希望英名如昔，定能讓蠻賊難逃。〔註131〕錢溥出使安南前後，正值安南黎朝帝王沉湎酒色，恣行暴政，為民所怨嗟，〔註132〕其兄諒山王琮弒之而自立，後琮又為國人所誅，以濬之弟黎灝繼位。天順六年（1462）二月，英宗命錢溥、王豫前往安南封黎灝為安南國王。〔註133〕錢溥於伏波祠憑弔馬援，引發對當時廣東、廣西瑤族的混亂局勢發出感嘆。

挪威學者諾伯舒茲（Christian Norberg-Schulz，1926～2000）曾指出：「我們的環境不只有能夠造成方向的空間結構，更包含了認同感的明確客體。人類的認同感必須以場所的認同為前提。」〔註134〕，使節對於馬援的認同感，帶來對於伏波祠廟一地的歸屬感，並且一一展現於伏波祠廟的書寫中。

和韻詩的用韻形式，依胡震亨《唐音癸籤》的分類，分為三種，即用韻、依韻、次韻。〔註135〕次韻詩不但是韻腳相同，而且它的次序及位置也都相同。因而，繼潘希曾之後，湛若水作〈次韻潘黃門謁伏波祠〉（十二月二十五日大灘驛）和之：

> 始定南旌擬過祠，春蘩此日進吾巵；飄風蕙茹明珠貝，積蘚勳名蝕鼎彝。世且英雄皆廟食，公於冠履有維持；乘舟三歎重回首，得意藤蘿剪阿誰？〔註136〕

〔註130〕 張以寧〈烏岩灘馬伏波祠〉：「烏岩江上古祠宮，傳是征南𤫊鑠翁；丹荔黃蕉長盛祭，綠沉金鎖尚英風。灘聲夜帶軍聲壯，嵐氣秋隨劍氣空；莫羨少游鄉里志，封侯廟食丈夫雄。」《翠屏集》，《景印文淵閣四庫全書》，集部，第1226冊，卷2，頁48，總頁1226-566。

〔註131〕 錢溥〈題伏波祠〉：「將軍遺像瞰江皋，江水江花映戰袍。銅柱自標千古蹟，雲臺不數一時豪。槎牙石逼灘流轉，潑墨嵐屯樹影高。願播英威如在日，平蠻有計賊難逃。」《粵西詩載》，《四庫全書珍本九集》，第4冊，卷17，頁7。

〔註132〕《大越史記全書》，卷14，頁755～758。

〔註133〕《明史》，卷321，頁8326～8327。

〔註134〕〔挪〕諾伯舒茲（Christian Norberg-Schulz），施植明譯：《場所精神：邁向建築現象學 Genius Loci：Towards a Phenomenology of Architecture》（武漢：華中科技大學出版社，2010年），頁21。

〔註135〕「和詩用來詩之韻曰用韻；依來詩之韻盡押之不必依次曰依韻；並依其先後而次之曰次韻。」《唐音癸籤》，《景印本文淵閣四庫全書》，集部，詩文評類，第1482冊，卷3，頁14，總頁1482-535。

〔註136〕 明・湛若水著，鍾彩鈞、游騰達點校：《泉翁大全集》（臺北：中央研究院中

湛若水一方面次韻潘希曾，一方面也藉此表達對馬伏波的敬意，並另作〈弔伏波將軍辭〉言馬援令荒服安南臣服，展現自己「仰先哲之遺風」，對伏波將軍的崇仰之情。[註137]

潘希曾與湛若水行經馬伏波祠，作〈橫州馬伏波祠〉與〈次韻潘黃門謁伏波祠〉詩，同押支韻，韻腳「卮、彝、持」相同，兩人既是切磋詩藝，亦把枯燥的使途生活化為詩境，顯現旅途雅趣。潘、湛二人不但互相仿效，亦互相改創，韻部相同，意趣相似，又各有不同的韻味。

繼潘、湛之後的孫承恩，於武宗正德十六年（1521）出使安南，途經伏波祠，也作〈伏波廟二首〉：

> 伏波遺廟儼空山，落日長煙蒼莽間。草色有情侵座綠，苔花無數上衣斑。勳名直擬留千古，英爽猶能弭百蠻。我欲為公昭素節，一杯江水薦潺湲。（其一）[註138]

又

> 報主忠勤老益堅，裹尸有革即吾棺。明珠不俟千年白，銅柱終留百世看。絕塞悲風疑鼓角，荒山祀典儼衣冠。英雄一去空陳迹，落木蕭蕭生暮寒。（其二）[註139]

孫承恩（1481～1561）字貞父，號毅齋，南直隸華亭（今上海市松江區城區）人。正德六年（1511）進士，改庶吉士，授編修，歷官禮部尚書，兼掌詹事府。[註140]嘉靖四十年（1561）卒，年八十一，贈太子太保，諡號文簡。[註141]《四庫全書總目提要》評孫承恩為文「純正恬雅，有明初作者之遺風」。[註142]

孫承恩於正德十六年（1521）八月奉命前往安南頒即位詔，[註143]行至龍州（今廣西西南邊境），安南朝臣陳暠叛變，原御賜安南國王黎譓遇害，安

國文哲研究所，2017 年），卷 51，頁 1266。

[註137]《泉翁大全集》，卷 55，頁 1342。

[註138]《文簡集》，《景印文淵閣四庫全書》，集部，別集類，第 1271 冊，卷 22，頁 15，總頁 1271-283。

[註139]《文簡集》，《景印文淵閣四庫全書》，集部，別集類，第 1271 冊，卷 22，頁 15～16，總頁 1271-283～1271-284。

[註140]《明人傳記資料索引》，頁 436。

[註141] 明・郭良翰詮訂：《皇明諡紀彙編》（中央研究院漢籍電子文獻資料庫影印明萬曆四十二年〔1614〕貞吉齋高唐郝氏藏本），卷 14，頁 11-1。

[註142]《四庫全書總目提要》，卷 172，集部 25，別集類 25，頁 3662。

[註143]《明實錄》（明世宗實錄），卷 5，頁 238。

南國人另立黎譓為王，加之，莫登庸復叛變，往安南道路受阻，使臣不得入。孫承恩上疏言狀，皇帝命承恩回京。〔註144〕即便如此，孫承恩仍作《使交紀行》記錄使程。孫承恩以兩首〈伏波廟〉詩寫伏波祠廟附近的地景，崇仰馬援「勳名直擬留千古，英爽猶能弭百蠻」，並藉「英雄一去空陳迹」之景引發思古幽情。

　　揆諸明朝使安南之使臣，無論是洪武時期的張以寧或林弼，乃至英宗天順年間的錢溥、武宗正德年間的潘希曾、湛若水，以及其後的孫承恩，但凡行走廣邕驛路，經過伏波祠廟必歌詠一番，足見馬伏波的意象，已成為使臣們的歷史共感，牽繫著歷來使臣的神經。

　　當年馬援立銅柱，做地理空間的劃分，而「地理空間劃分與描述是政治、歷史和文化的結果，但是，地理空間反過來又是身分認同與文化認同的標誌。」〔註145〕，亦即安南後黎朝使臣黎貴惇〈重經五險灘謁伏波將軍廟〉所言：「駱越千年遵教令，荒山銅柱久無聲」〔註146〕，明朝或安南使臣對馬援的認同，已經超越原先設想的立定邊界意義，對明朝而言，馬援不啻是歷來征服南疆、擴展領土，展現的國力強大的勳績；而對安南而言，馬援則是推行教化，改革除弊，「漸教遠人通禮義」的功臣。

　　總之，明朝中葉出使安南的路途，顯得相對遙遠且艱難。同樣是明武宗正德年間出使安南，魯鐸與張弘至選擇南北向的桂邕陸路前往，魯鐸陸路單一景觀加上伴雨而行的苦悶，並沒有因為張弘至的加入而減少，反倒引發思歸情緒。而潘希曾與湛若水則走東西向的廣邕水陸路，造就不一樣的文本空間，然而，即便風光旖旎多姿，仍舊因使途遙遠，心生迷惘引發孤獨心緒。

　　從魯鐸承皇命奉使安南夷邦，作〈潛江縣阻雨〉宣告出發。沿途作詩書寫行旅所見風景，並表達不負皇命、旅途艱辛的心情。接著，張弘至的加入，為旅途增添同行的伴侶，也引出了對故鄉的思念之情（思歸），兩人整理心境後，強化奉使意志再進入安南。

〔註144〕《明實錄》（明世宗實錄），卷24，頁698；《大越史記全書・黎皇朝紀陀陽王》：「春，正月，明遣翰林院編修孫承恩，給事中兪敦來諭嘉靖皇帝即位，會國亂，承恩等不得達。至癸未年，承恩還太平府，敦道卒。」《大越史記全書》，卷15，頁798。
〔註145〕《宅茲中國：重建有關「中國」的歷史論述》，頁94。
〔註146〕〔越〕黎貴惇：《桂堂詩匯選》，《越南漢文燕行文獻集成》（上海：復旦大學出版社，2010年），第3冊，頁253～254。

　　另一方面，幾年後同樣奉使安南的潘希曾與湛若水，選擇水陸並行的廣邕驛路。潘希曾從〈曉發清河〉乘舟出發，沿途作詩抒發見到美好風光的心情。接著，〈過玉山書懷〉、〈南昌道中〉、〈泊湘東〉表達旅途遙遠，漸生孤寂的情感。而湛若水則一面奉使安南，一面順道送母親歸鄉，是以湛若水沿途雖較無思親懷鄉之感，進入安南境內，異域殊俗，仍不免思親懷君。另外，沿途所見馬援伏波廟的地景，已成為明與安南使臣集體書寫的意象，明使臣著眼於馬伏波的功績，安南則側重馬援的為人及貢獻。

第二節　明使節對安南的異域認知與自我想像

　　明使節入境安南之後，完整敘寫出使過程並親歷當地風土人情者，首推湛若水的〈交南賦〉。現存湛若水所作之〈交南賦〉，今分別見載於其著作明刻本《樵風》〔註147〕以及李文鳳明藍格鈔本的《越嶠書》〔註148〕。兩版本大多數的文字相同，小部分用字遣詞稍異，惟《樵風》版〈交南賦〉為湛若水之文章集著，《越嶠書》則收錄湛若水作品，爰本研究以湛若水所著《樵風》收錄之〈交南賦〉為主要文本，以《越嶠書》所收之〈交南賦〉歧異處作為補充。

　　關於〈交南賦〉之研究，前有葉曄〈明人域外賦雙璧：董越《朝鮮賦》與湛若水《交南賦》〉，認為湛若水〈交南賦〉用古雅之辭，盡描繪之能事，當地的地理、風土、人情、物產，皆躍然紙上。〔註149〕惟其〈交南賦〉版本考證資訊稍嫌不足，認為湛氏自注僅保留於《越嶠書》版本，為他本所未見，另葉曄評論〈交南賦〉「迂迴曲轉、答非所問諸事，是一種先入為主的累世成見」，顯然過於主觀，論證不足。而王準認為〈交南賦〉除了摹寫越南之地理沿革、山川風物外，還對其點陋的民風大加渲染，其目的似乎是為了體現兩國的差異，讚美中國之文明，體現「華夷之防」的傳統夷夏觀。〔註150〕其文對於湛若水〈交南賦〉書寫筆法的剖析，較為客觀。霍松林的《辭賦大辭典》一書，

〔註147〕《樵風》，《廣州大典》，第 56 輯，集部，別集類，第 4 冊，卷 2，頁 1-10，
　　　　總頁 765-770。
〔註148〕《越嶠書》，《四庫全書存目叢書》，史部，載記類，第 163 冊，卷 17，頁史
　　　　162-244～163-248。
〔註149〕葉曄：〈明人域外賦雙璧：董越《朝鮮賦》與湛若水《交南賦》〉，《文史知識》
　　　　第 6 期（2009 年 6 月），頁 31～36。
〔註150〕王準：〈從《朝鮮賦》和《交南賦》看明代文人的頌美意識〉，《昆明學院學報》
　　　　第 36 卷第 4 期（2014 年 8 月），頁 90～93。

則稱湛若水〈交南賦〉為「描述明朝海南及藩屬異域文化的大賦」。〔註 151〕

行人賦詩外交，目的不外乎「珍重異國自然與社會的同時，時刻不忘宣示上國的天威」，〔註 152〕湛若水〈交南賦〉以楚聲洋溢的騷體創作大賦，不免給人「多少有些逞才弄巧的嫌疑」。〔註 153〕然，細細觀之，湛若水一方面以騷體作為賦的體例，回應楚騷特有的跨時空想像與聯想之南國地域性，另一方面以《楚辭》的神話形式，拉開明與安南的距離，圍繞在君／臣、道／勢的權力結構之間，顯現其瑰麗奇偉的表現手法，不能單以逞才競藻視之。爰此，本節探討湛若水的安南書寫中，模習楚騷的那些方面？以及這樣的書寫，在呈現明與安南君／臣之間、道／勢權力結構間，賦予了甚麼樣的意義？同時，旁及與其一同奉使安南的潘希曾詩作，據以比對分析之。

一、以楚騷書寫異邦

明武宗正德四年（1509）春二月，安南後黎王朝襄翼帝黎晭即位。〔註 154〕五年（1510）二月，黎晭遣頭目黎廣度、黎琱、阮文郎等至明朝上表奏事請封。〔註 155〕明朝並未立即允准，同年十月安南再貢方物並請封。〔註 156〕直到正德七年（1512），武宗方命湛若水與潘希曾前往安南冊封。〔註 157〕因此，湛若水開宗明義談到出使時間，並隱含其擇選騷體賦式寫作的動機：

> 予奉令往封安南國王晭。正德七年二月七日出京，明年正月十七日始達其國，睹民物風俗，點陋無足異者，怪往（時）〔註 158〕相傳過實，託三神參訂，而卒歸之於常，作〈交南賦〉。〔註 159〕

湛若水化了近一年的路程到達安南，親身經歷安南當地民物風俗後，得出「點

〔註 151〕霍松林：《辭賦大辭典》（江蘇：江蘇古籍出版社，1996 年），頁 264。
〔註 152〕許結：〈行人與賦〉，《古典文學知識》第 2 期（總第 191 期）（2017 年 3 月），頁 139。
〔註 153〕葉曄：〈明人域外賦雙璧：董越《朝鮮賦》與湛若水《交南賦》〉，《文史知識》第 6 期（2009 年 6 月），頁 34。
〔註 154〕《大越史記全書》，卷 14，頁 752。
〔註 155〕《大越史記全書》，卷 14，頁 758；明·李文鳳撰：《越嶠書》，《四庫全書存目叢書》，史部，載記類，第 163 冊，卷 16，頁史 163-166。
〔註 156〕《越嶠書》，《四庫全書存目叢書》，史部，載記類，第 163 冊，卷 16，頁史 163-166～163-167。
〔註 157〕《蒼梧軍門志》，卷 28，頁 26-1、26-2。
〔註 158〕《越嶠書》省略此字。
〔註 159〕《樵風》，《廣州大典》，第 56 輯，集部，別集類，第 4 冊，卷 2，頁 1（765）。

陋無足異者」的結論。今人葛兆光認為古人想像中的異域是「想像加上想像，故事加上故事」，「以往對於那些遙遠的國度與民族，總是在真實的記載之外又加上來自傳說的想像。」〔註160〕。同樣的，湛若水認為此前對於安南的傳聞過於「狹於徇名而陋於知意」者，因而假托「三神」〔註161〕之名，並參照自己所見所聞，加以訂正，使之回歸於常態。

　　何沛雄在其〈略論漢代騷體賦和散體賦的特點〉指出，騷體賦的特點有四：模擬和演化《楚辭》的句式；抒發憂國、傷時、失意情懷；援用多種比喻；篇末有「亂」或「訊」、「系」、「歌」、「重」等。〔註162〕郭建勳〈騷體賦的界定及其在賦體文學中的地位〉則說：「騷賦在內容方面給人最突出的印象是抒情。這與這種體式從一開始就全面繼承了屈原《離騷》的傳統有關。」，「人們選擇騷體是為了調動讀者先在的審美經驗，使作品產生美好的抒情效果。」，接著又說：「騷體賦不但自然地繼承了楚辭的體式，汲取了楚辭的藝術營養，而且還從中尋找題材資源，加以提煉與強化，逐漸形成了紀行、玄思、悲士不遇、悼騷四個具有代表性的題材類別。」〔註163〕。

　　「作品的產生並不是孤立的，取決於時代精神和周圍的風俗」，〔註164〕明朝弘治至正德年間文壇主張「文必先秦兩漢，詩必漢魏盛唐」，〔註165〕在賦的創作方面，李夢陽（1472～1529）在其〈潛虯山人記〉一文認為學賦應「究心

〔註160〕《宅茲中國：重建有關「中國」的歷史論述》，頁75。
〔註161〕原指天神、地祇與山岳，語出《史記‧司馬相如傳》：「挈三神之驩，缺王道之儀，羣臣惡焉。」，司馬貞《索隱》引如淳的說法，指三神「謂地祇、天神、山岳也。」《史記》，卷117，頁3067。此處應指「伏羲、祝融、神農。」漢‧應劭撰：《風俗通義》（臺北：臺灣中華書局，1981年），卷1，頁1-1。而以「三神」稱祝融等，則見《宋史》：「祝融之位，貴乎三神。」《宋史》，卷136，頁3201。明初張以寧使安南作〈晚泊石頭城下明旦發龍江〉有「江口帆開五兩飛，海門遙望樹依微。若為得似千年鶴，東向三神島上歸。」《翠屏集》，《景印文淵閣四庫全書》，集部，第1226冊，卷2，頁71（總1226-577）。
〔註162〕何沛雄：〈略論漢代騷體賦和散體賦的特點〉，收入於政治大學主編：《第三屆國際辭賦學學術研討會論文集》（臺北：國立政治大學文學院，1996年），頁561～578。
〔註163〕郭建勳：〈騷體賦的界定及其在賦體文學中的地位〉，《求索》第5期（2000年5月），頁98～100。
〔註164〕〔法〕丹納著，傅雷譯：《藝術哲學》（上海：人民文學出版社，1981年），頁32。
〔註165〕明‧王九思撰：《渼陂集》，《續修四庫全書》（上海：上海古籍出版社，2002年影印明嘉靖十二年王獻等刻二十四年翁萬達續刻崇禎十三年張宗孟修補本），集部，別集類，第1334冊，卷中，頁64，總頁集1334-461）。

賦騷於漢、唐之上」，〔註166〕以為賦的創作應回歸騷賦本體。

　　使節賦詩外交並無體例之限制，此處湛若水創作〈交南賦〉，在當代文壇脈絡下及創作內容上，預先設想「託三神參訂」而使之「卒歸之於常」，因此選擇以「騷體」神話筆法，書寫出使南國的賦作。其內容模擬和演化《楚辭》的句式，援用多種比喻委婉含蓄地表達個人看法，並於篇末使用「歌曰」〔註167〕形式作結，文體上符合「騷體賦」的要件。即便湛若水的〈交南賦〉並無抒發憂國、傷時、失意情懷，其抒情言志與紀行的主調，仍可視為「騷體賦」之作。而其「騷體賦」式的創作，連帶影響其以想像與現實交錯的手法描寫冊封場景。

二、雜糅夷俗之冊封現場

　　湛若水一行到了安南王都後，以神話筆法書寫身分，以天朝大國的態度，劃出「自我」與「他者」上下不同階層的界線：

> 曰余中華之子族兮，家增城之九重。從遊帝之玄圃兮，開逍遙乎閬
> 風。初離郡之豫章兮，嘉厥名曰清源。派炎漢之司農兮，居余都兮
> 甘泉，依雲母兮高嶺，遍安期兮左隣。鄭安期仙化于廣州蒲澗。〔註168〕
> 處太一之穹廬兮，抱羅浮之飛雲。承帝歌之皇華兮，兼咨諏乎炎德。
> 汎滛遊乎方外兮，觀泆潨之無極。歲攝提之癸酉兮，斗杓忽其東捩。
> 火輪躔乎娥訾兮，魄下弦之次夕。
> 寋余渡以王舟兮，亦黝黃而丹堊。紛龍舟其後先兮，沓蛟人而裸涉。
> 臟百撓以象刀兮，扶黑欄而刃白。夫唯寓藝夫水戰兮，或因用以刺
> 擊。每一龍舟百撓如刀（一作刃）〔註169〕，或習水戰也。〔註170〕

首段湛若水模擬屈原《離騷》筆法，自傳式書寫身分來歷，以及到安南的目的。

〔註166〕明・李夢陽撰：《空同集》，《景印文淵閣四庫全書》（臺北：臺灣商務印書館，1983年據國立故宮博物院藏本影印），第1262冊，卷48，頁446。

〔註167〕《樵風》，《廣州大典》，第56輯，集部，別集類，第4冊，卷2，頁10，總頁770。

〔註168〕《越嶠書》，《四庫全書存目叢書》，史部，載記類，第163冊，卷17，頁6，總頁163-245。

〔註169〕《越嶠書》，《四庫全書存目叢書》，史部，載記類，第163冊，卷17，頁7，總頁163-246。

〔註170〕《樵風》，《廣州大典》，第56輯，集部，別集類，第4冊，卷2，頁4，總頁767。

湛若水是增城人（今廣東廣州增城區），此處化用神話崑崙虛仙山九重增城，
[註171]用以表達自己來自天界仙境，跟從天帝遨遊於玄圃、閬風。再化用東
漢張衡（78～139）〈思玄賦〉「瞻崐崙之巍巍兮，臨縈河之洋洋。伏靈龜以負
坻兮，亘螭龍之飛梁。登閬風之曾城兮，搆不死而為牀。」句[註172]，表達
明朝皇帝與明使者地位之巍峨崇高，用以區隔明與安南國王主從的關係。

　　接著，再寫千里跋涉，在癸酉年（正德八年，1513）斗杓東指的春天到
達安南。而安南國王至富良江迎候詔使，以及使節乘著王船渡過富良江的景
象。湛若水另有〈富良歌〉所言之「乘玉節兮坐王子舟，披霞縷兮雲裳。擊
蘭槳兮泛中流，馮夷舞兮蛟人游。草萋兮荒洲，悵獨立兮容與，望五雲兮神
州。」[註173]，可以互為印證。

　　此處，湛若水特別描寫塗上黑、黃、紅三色白堊土的王船，而船夫裸著上
身，手上伐著刀狀的木槳，船槳黑柄白刃。因著船槳的鋒利，湛若水判斷這些
船夫習以水戰，船槳可直接刺擊敵人。此時正是正德七年（1512）十二月，安
南入侵占城，逐其王子古來。明朝命安南休兵，並護古來歸國。[註174]明朝
諭令安南停止侵犯占城行為，雙方既無戰事，亦無「處於半僵持狀態」，[註
175]明朝則處於「宗主國」的地位。因此，湛若水應是對於安南的細微觀察，
給予日後嘉靖年間林希元（1481～1565）〈條上征南方略疏（征安南）〉之言互
相印證：「（嘉靖年間）安南莫方瀛上表乞降……夫方瀛之父登庸，起自蛋戶，
習于舟楫……於海上新興社建立兵府，有眾約二萬，專習水戰。」[註176]。

　　渡過富良江後，來到冊封典禮的會場。湛若水寫道：

肆迎拜於厥明兮，瀕祥壽之別殿。入修（一作脩）[註177]門其大興

〔註171〕《淮南子‧墜形訓》：「掘昆侖虛以下地，中有增城九重，其高萬一千里百一
　　　　十四步二尺六寸。」漢‧劉安著，劉文典撰：《淮南子》（北京：中華書局，
　　　　1989 年），卷 4，頁 133。《山海經‧海內西經》又說：「海內昆侖之虛，在西
　　　　北，帝之下都。」《山海經校注》，卷 6，頁 294。
〔註172〕《後漢書》，卷 59，頁 1932。
〔註173〕《樵風》，《廣州大典》，第 56 輯，集部，別集類，第 4 冊，卷 1，頁 1，總頁 761。
〔註174〕《明實錄》（明武宗實錄），卷 95，頁 2016。
〔註175〕葉曄：〈明人域外賦雙璧：董越《朝鮮賦》與湛若水《交南賦》〉，《文史知識》
　　　　第 6 期（2009 年 6 月），頁 35。
〔註176〕明‧林希元撰：〈條上征南方略疏〉，《林次崖文集》，收錄於明‧陳子龍：《明
　　　　經世文編》，卷 164，頁 29-1～29-2。
〔註177〕《越嶠書》，《四庫全書存目叢書》，史部，載記類，第 163 冊，卷 17，頁 7，
　　　　總頁 163-246。

兮，見廣文之顏扃。富江邊有曰祥壽殿，王門曰大興，亭曰廣文。臨炎官之

宛窈兮，祝融躍而東轉，依南風以弭節兮，睨天使之離館。炎均俯

候于朝元兮，肅敬天之北面。（又有）〔註178〕館曰天使，門曰朝元，殿曰

敬天。儼百辟以皇皇兮，奔重侯之歙歙。陳黃幄兮月殿，時六龍兮臨

下。葉虹橋度而未雲兮，又鵲橋而參伍。聆天書乎洪音兮，伏群黎於

下土。時中律之太簇兮，洪鐘寂而不作；葉置鳴鳳之巇管兮，擊靈鼉

之高鼓；應河鼓之磅硠兮，屢天吳之舞蹈；夜叉奮其怒臂兮，裸醫

梃而前杜。〔註179〕

湛若水於天使館（湛若水自注說「館曰天使，門曰朝元，殿曰敬天。」）休憩

後，第二天來到冊封會場。其地點在富良江邊的祥壽殿，進入名為大興的門，

旁有一座亭，名為廣文。進了王門後，穿過廣文亭，安南國官員列隊迎接明使

的到來。殿堂上，安南國王北面而立。等到明使宣讀詔書時，安南國君及一眾

臣屬官員皆伏地聆聽。湛若水在〈曉發僕山驛至丕禮驛四首〉之其二、〔註180〕

其四〔註181〕首皆有安南沿道歡喜迎接使節團的記載。

接著進行典禮樂舞，湛若水觀察發現，安南人不使用黃鍾、太簇等上樂，

而是使用管樂笛音，敲起高鼓，鼓聲和著天吳水舞，舞者裸身舉臂，用力舞動

搖擺，展現安南人服裝上的奇怪和特殊之處，其文化顯得較為原始。

典禮之後，宴會開席，湛若水描寫宴會場景：

開廣宴於勤政兮，崇余東之席端。行路則以梃橫杜，行禮時二將軍怒臂

衛之。勤政，殿名。珍羞蟲鰕（一作蝦）〔註182〕兮，太牢別陳，椰席

數重兮下地，登土偶兮簇盤，俗以椰子葉織席。〔註183〕粗粄雜俎兮

〔註178〕《越嶠書》，《四庫全書存目叢書》，史部，載記類，第163冊，卷17，頁7，
　　　　總頁163-246。

〔註179〕《樵風》，《廣州大典》，第56輯，集部，別集類，第4冊，卷2，頁4～5，
　　　　總頁767。

〔註180〕「搖曳旌旗十里，斑趨甲士三十。著處春風滿意，殊方化口同天。」《樵風》，
　　　　《廣州大典》，第56輯，集部，別集類，第4冊，卷10，頁1，總頁798。

〔註181〕「冠屨不倫之分，珪璋特達之尊。秉節會成周禮，曳裾歸去王門。」《樵
　　　　風》，《廣州大典》，第56輯，集部，別集類，第4冊，卷10，頁1，總頁
　　　　798。

〔註182〕《越嶠書》，《四庫全書存目叢書》，史部，載記類，第163冊，卷17，頁7，
　　　　總頁163-246。

〔註183〕《越嶠書》，《四庫全書存目叢書》，史部，載記類，第163冊，卷17，頁7，
　　　　總頁163-246。

遠苾芬。呼鳴（一作鳴呼）〔註184〕廣樂分，蔑棄《大呂》。跳梁舞
蹈兮，弗事干羽。登庸瓦缶兮，捐謝鼎俎。時斗杓之盂陬兮，列青
梅之碧彈。纍杯盤之狼籍兮，瓜亦先期以為獻。正月有梅瓜。奏夷樂
於殿上兮，鼓譟雜進而零亂。列雄虺以為陣兮，又沐猴而加冠。曰：
「而重黎其苗裔兮，寔乃祖之司禮也。曷不返乎初服兮，乃祝髮而
脫蹝也。」〔註185〕

冊封典禮結束後，安南國王於勤政殿設宴款待明使。安南王以明使為尊，坐於
東面之首席。關於宴會的鋪陳擺設，雖三牲具備，然夾以粗粃雜俎、瓜果之類，
杯盤狼籍，顯得凌亂。席上所彈奏的音樂，捨棄天朝上樂大呂，而就安南當地
土樂，樂聲嘈雜而凌亂，正是陳孚使安南時作〈安南即事〉所言：「下俗澆浮
甚，中華禮樂無。」〔註186〕，以及潘希曾〈南交紀事〉所說的：「蛇虺當筵舞，
螺蝦入鼎珍」〔註187〕。

　　原始的舞蹈、雜亂的音樂及飲食，看在湛若水的眼裡，忍不住下了一段評
論：「而重黎其苗裔兮，寔乃祖之司禮也。曷不返乎初服兮，乃祝髮而脫蹝也。」
《山海經·大荒西經》有言：「老童生重及黎。」〔註188〕《史記·楚世家》則說：
「楚之先祖出自帝顓頊高陽。高陽者，黃帝之孫，昌意之子也。高陽生稱，稱生
卷章，卷章生重黎。」〔註189〕。「重黎其苗裔」，言「少昊之衰，天地相通，人

〔註184〕《越嶠書》，《四庫全書存目叢書》，史部，載記類，第163冊，卷17，頁7，
　　　　總頁163-246。
〔註185〕《樵風》，《廣州大典》，第56輯，集部，別集類，第4冊，卷2，頁5，總頁
　　　　767。
〔註186〕《陳剛中詩集》，《四庫全書珍本》，集部，別集類，第404冊，卷2，頁25。
〔註187〕《竹澗集》，《文津閣四庫全書》，集部，別集類，第423冊，卷2，頁18，總
　　　　頁1266-668。
〔註188〕《山海經·大荒西經》：「老童生重及黎。」郭璞云：「世本云：『老童娶于根
　　　　水氏謂之驕福，產重及黎。』」郝懿行則云：「《大戴禮·帝繫篇》云：『老童
　　　　娶于竭水氏之子，謂之高緺氏，產重黎及吳回。』《國語·楚語》亦云：「顓
　　　　頊受之，乃命南正重司天以屬神，命火正黎司地以屬民。」《史記·楚世家》
　　　　云：『卷章生重黎。』徐廣注引世本云：『老童生重黎及吳回。』與帝繫同。
　　　　是皆以重黎為一人也。此經又以重、黎為二人，郭引世本又與徐廣異，並所
　　　　未詳。」《山海經校注》，卷11，頁402。
〔註189〕《史記·楚世家》：「楚之先祖出自帝顓頊高陽。高陽者，黃帝之孫，昌意
　　　　之子也。高陽生稱，稱生卷章，卷章生重黎。」司馬貞《索隱》解釋道：
　　　　「今以重黎為一人，仍是顓頊之子孫者，劉氏云：『少昊氏之後曰重，顓頊
　　　　氏之後曰重黎，對彼重則單稱黎，若自言當家則稱重黎』。」《史記》，卷40，
　　　　頁1689。

神雜擾，顓頊乃命重黎分而異之，以解絕地天通之言。」〔註190〕。校注《山海經》的袁珂（1916～2001）綜合以上說法，認為「重、黎古傳實二人也，至於後來又以為一人者，則是神話傳說之演變，錯綜紛歧無定，不足異也。」〔註191〕

　　據《史記・太史公自序》言：「昔在顓頊，命南正重以司天，北正黎以司地。唐虞之際，紹重黎之後，使復典之，至于夏商，故重黎氏世序天地。」〔註192〕由此看來，重黎之後，即唐虞堯舜，也就是安南係屬堯舜支脈。「帝堯者放勳，其仁如天，其知如神」，〔註193〕是一位制訂並體現倫理秩序的理念人君；〔註194〕而舜「彈五弦之琴，歌南風之詩而天下治」。〔註195〕湛若水認為安南既為司禮重黎的後裔，也就是堯舜的後裔，理應是「克明峻德」、〔註196〕彬彬有禮的華夏之後，然而眼前的安南毫無道德倫理秩序可言，因而感嘆安南何不回歸最初身為華夏子孫樸實重禮的面貌呢？此處正呼應潘希曾〈南交紀事〉所描述：「鄙夷甘異習，凋謝盡遺民。」〔註197〕，而這些凋謝的遺民，正是「漢馬援兵之遺也。」〔註198〕而「祝髮而脫躧」，則同潘希曾所見，安南人「祝髮無男女」、「赤腳走荊榛」。〔註199〕

三、遊街：異域觀看

　　觀看從來都不是被動行為，它必須有一個觀看對象，必須有一個觀看角度，一個視角。它是觀看者積極主動地進行分類、整理和理解的過程。〔註200〕

〔註190〕《重栞宋本尚書注疏附挍勘記》，《重刊宋本十三經注疏附校勘記》，卷2，頁22-2。

〔註191〕《山海經校注》，卷11，頁402。

〔註192〕《史記》，卷130，頁3285。

〔註193〕《史記》，卷1，頁15。

〔註194〕楊儒賓：〈黃帝與堯舜──先秦思想的兩種天子觀〉，《臺灣東亞文明研究學刊》第2卷第2期（總第4期）（2005年12月），頁127。

〔註195〕《史記》，卷24，頁1235。

〔註196〕《重栞宋本禮記注疏附挍勘記》，《重刊宋本十三經注疏附校勘記》，卷60，頁984-1。

〔註197〕《竹澗集》，《文津閣四庫全書》，集部，別集類，第423冊，卷2，頁17，總頁1266-668。

〔註198〕明・王圻，王思義編輯：《三才圖會》（上海：上海古籍出版社，1985年），頁820。

〔註199〕《竹澗集》，《文津閣四庫全書》，集部，別集類，第423冊，卷2，頁18，總頁1266-668。

〔註200〕《神遊：早期中古時代與十九世紀中國的行旅寫作》，頁7。

湛若水作為一位觀看者，又是安南的貴賓，具有觀看及被觀看的雙重身分。

> 敷余閟其度關兮，寔孟陬之中適。嗟陽候之迥絕兮，苗芊苗乎三尺。
> 農告畢而苗離離兮，鷺亦以之藏色。正月芊禾已長。望炎火之千里兮，
> 臨回風而就炙。盼偓果以舒懷兮，丹實纍其枝碧。〔註201〕

湛若水在安南都城既有崇高身分，又能觀察百姓黎民生活。因而，他來到安南城中，看到正月初春時節的安南，「農告畢，苗離離」。天候逐漸炎熱，當地蔬果結實纍纍，滿載豐收。

> 傾都人以雜觀兮，士女不分而塞途，悉鞠躬而加額兮，恒首下而尻
> 高。儒戴冠而伏迎兮，交大指而跣跗。見梟陽之拂拂兮，披髮走而
> 迅徂。〔註202〕其俗行則俯身為敬，舊志云：「交人立則二足大指相交，故曰『交
> 趾』。梟陽即拂拂山神，常披髮，故以為此。〔註203〕

此段敘寫使節輜車出巡，當地士女百姓夾道歡迎，男男女女擠得水洩不通，皆彎腰頂禮，伏地迎接的景象。「梟陽」，據《山海經·中山經》載：「有獸焉，名曰山膏，其狀如逐，赤若丹火，善罵。」，晉人郭璞註解「善罵」的意思是「好罵人。」袁珂解釋說：「蓋山都、山猬、山獠、梟陽之類，乃傳說中猩猩、狒狒之神話化也。」〔註204〕，《山海經·海內南經》則說：「梟陽國在北朐之西，其為人人面長脣，黑身有毛，反踵，見人笑亦笑；左手操管。」晉人郭璞註解云：「周書曰：『州靡髳髳者，人身反踵，自笑，笑則上脣掩其面。』《大傳》曰：『周書成王時州靡國獻之。』《海內經》謂之『贛巨人』。今交州南康郡深山中皆有此物也。長丈許，腳跟反向，健走，被髮，好笑；雌者能作汁，灑中人即病：土俗呼為山都。」〔註205〕。

湛若水此處引《山海經》來形容安南人，應是受郭璞註解交州人之影響。葛兆光〈山海經、職貢圖和旅行記中的異域記憶〉一文言：「旅行記，這些本來應當是實錄的東西，由於作者自身的知識和經驗，常常把原來習得的記憶和資源帶進自己的記錄中，所謂『耳聽為虛』常常會遮蔽『眼見為實』，特別是他們對異域之『異』得格外興趣，總是使他們的旅行記不由自主地把『實錄』

〔註201〕《樵風》，《廣州大典》，第56輯，集部，別集類，第4冊，卷2，頁5，總頁767。
〔註202〕《樵風》，《廣州大典》，第56輯，集部，別集類，第4冊，卷2，頁5，總頁767。
〔註203〕《越嶠書》，《四庫全書存目叢書》，史部，載記類，第163冊，卷17，頁8，總頁163-246。
〔註204〕《山海經校注》，卷5，頁143。
〔註205〕《山海經校注》，卷5，頁270。

變成『傳奇』。」〔註206〕湛若水以神話手法書寫安南人，一方面是遮蔽了「眼見」的實景，另一方面則是主觀意識裡對南方蠻夷的輕蔑。

反觀同行的潘希曾，他在丕禮驛站所作〈丕禮道中〉寫道：

> 我行丕禮墟，交路將過半。田疇稍連絡，山勢亦平緩。竹樹交遠村，
> 雞鳴烟火晏。士女作隊遊，語笑不可辨。維時王正月，桃李已零亂。
> 好風自東來，流鶯道邊囀。天地信廣大，茲遊未知倦。人間多桃源，
> 亦復不常見。〔註207〕

丕禮路，應為安南人迎接明朝天使的大道。作者走在丕禮路上，與先前的翻山越嶺，崎嶇難行，「荒烟」、「荒山」、「荒籬」相比，道路已趨於平緩。而正值春天時節，繁花凌亂，鶯聲燕語，百姓結伴而遊，景象之美好，連吹拂的東風都成為「好風」。在潘希曾的眼裡，安南民風純樸，生活安逸祥和，宛如桃花源之景。

而潘希曾的〈發市橋驛〉則寫下安南喜迎使節的另一種場景：

> 細雨青林暗市橋，五更燈火促星軺。紫泥擎出天恩重，赤土分來海
> 國遙。正朔不殊堯日致，封疆何用漢時標。午風披拂輕陰散，春色
> 還同喜氣饒。〔註208〕

儘管當時的市橋驛細雨綿綿，因著安南張燈結綵迎使節，而使得燈火明媚。「正朔不殊」，指明與安南曆法並無二致，明朝自洪武元年（1368）賜安南大統曆起，每歲由廣西給大統曆，〔註209〕是以，雙方曆法相同。彼此界線既不明顯，何需用漢代馬援立的銅柱分你我呢。此處可見在潘希曾的眼裡，安南禮制與明朝並無二致。湛若水的〈次韻潘黃門市橋之作〉，則沉浸在個人的主觀情思當中：

> 五色雲中渡鵲橋，九天露下泹星軺；地窮朱鳥心猶壯，程盡冥鵬意
> 尚遙。珠樹西將求碩果，扶桑東去把孤標；不堪母念思方切，欲報
> 君恩愧未饒。〔註210〕

〔註206〕葛兆光：〈山海經、職貢圖和旅行記中的異域記憶〉，收錄於氏著《宅茲中國：
　　　　　重建有關「中國」的歷史論述》，頁71～72。
〔註207〕《竹澗集》，《景印文淵閣四庫全書》，集部，第1266冊，卷2，頁15～16，
　　　　　總頁1266-667。
〔註208〕《竹澗集》，《景印文淵閣四庫全書》，集部，第1266冊，卷2，頁16，總頁
　　　　　1266-667。
〔註209〕《明史》，卷321，頁8310、8334。
〔註210〕《泉翁大全集》，卷51，頁1265。

作者此處先化用杜甫〈江漢〉詩「落日心猶壯」句〔註211〕，表達即使身處地窮偏遠的異域，仍然壯心不已。再以《淮南子》西方珠樹〔註212〕以及《山海經》扶桑神木典故，〔註213〕表達即便困難重重，一展抱負的雄心壯志依然存在，即使思鄉心切，也不會辜負君恩。在潘希曾看來，安南張燈結綵，喜氣滿盈地迎接天使，書寫奉使場景，屬於家國公情；而湛若水的視角，則著墨於個人來到南國境內，壯志仍在，欲報君恩，屬於個人私情，著眼點不同。

　　湛若水因著前面的主觀意識而在下一段當中，再從被觀看的視角，以神話手法神格化明使節出巡的景象：

> 肅龍節兮啟行，前指南兮先路。駕象輿兮太一，使風伯兮為之御。
> 搴雲霓以為梁兮，先朱雀而向道。攬蒼龍而左驂兮，縶右騑乎白虎。
> 騎箕尾之瀏瀏兮，秉燭龍而先後。擎日旟之輝煌兮，填雷鼓之轟轟。
> 閃雲旗之委蛇兮，參星輅之鏘鏘。飄風裊裊兮朝霞，縹舉風袂兮揚揚。安南有朝霞布。右余參之以蓐收兮，左攜拉乎句芒。厭旌頭以無光兮，曳鶉尾之闐闐。地理志分以安南為鶉尾。擊（一作繫）〔註214〕木星以節行兮，披鶴氅而荷戈。俗：兵行金鼓皆擊析（一作繫木）〔註215〕為節，皆披鶴袖、衲紅襯。兵銜枚以無言兮，挾天弧而誰何？伏萬矢於林中兮，一夫呼而眾呀。〔註216〕

本段湛若水化身為安南人觀看的角度，書寫被觀看者——明使節車駕的排場。再化用《楚辭‧惜誓》「飛朱鳥使先驅兮，駕太一之象輿。蒼龍蚴虬於左驂兮，白虎騁而為右騑。」〔註217〕，言其車隊壯麗有威嚴之貌。《楚辭‧離騷》「邅吾道夫崑崙兮，路脩遠以周流。揚雲霓之晻藹兮」，言其車隊旌旗飄飄，隊伍

〔註211〕　〈江漢〉：「江漢思歸客，乾坤一腐儒。片雲天共遠，永夜月同孤。落日心猶壯，秋風病欲疏。古來存老馬，不必取長途。」《杜詩詳注》，卷23，頁2029。

〔註212〕　《淮南子‧墜形訓》：「掘昆侖虛以下地，中有增城九重，……上有木禾，其修五尋，珠樹、玉樹、璇樹、不死樹在其西」《淮南子》，卷4，頁130。

〔註213〕　《山海經校注‧海外東經》：「湯谷上有扶桑，十日所浴，在黑齒北。居水中，有大木，九日居下枝，一日居上枝。」《山海經校注》，卷4，頁260。

〔註214〕　《越嶠書》，《四庫全書存目叢書》，史部，載記類，第163冊，卷17，頁8，總頁163-246。

〔註215〕　《越嶠書》，《四庫全書存目叢書》，史部，載記類，第163冊，卷17，頁8，總頁163-246。

〔註216〕　《樵風》，《廣州大典》，第56輯，集部，別集類，第4冊，卷2，頁5～6，總頁767-768。

〔註217〕　《楚辭補注》，卷11，頁228。

盛大之狀。〔註218〕與《楚辭·遠遊》「召豐隆使先導兮」、〔註219〕「駕八龍之
婉婉兮，載雲旗之透蛇。」〔註220〕，極言車駕所往，皆與神游，以及「建雄
虹之采旄兮，五色雜而炫燿。服偃蹇以低昂兮，驂連蜷以驕驁。騎膠葛以雜亂
兮，斑漫衍而方行。撰余轡而正策兮，吾將過乎句芒。歷太皓以右轉兮，前飛
廉以啟路。陽杲杲其未光兮，凌天地以徑度。風伯為余先驅兮，氛埃辟而清涼。」
〔註221〕等句，塑造明使乘黃屋，坐軺車，下凡而來，神聖不可侵的形象，令
安南人見此形象，忍不住頂禮膜拜。而在使節車駕四周隱伏著保護天使的安南
士兵，他們銜枚而保持緘默，顯現明使的神聖性。湛若水使用騷體創作，以神
仙化虛筆（神仙、乘黃屋）實寫使節隊伍及排場，正是下意識地沉湎於被「四
夷」仰慕的想像裡。

四、紀實與想像

結束了遊街之後，湛若水描寫下榻的天使館：

> 設丹幄於群館兮，雲帔具而不移。羅銷金之蕙帳兮，綴五彩之流蘇。
> 坐沉香兮氤氳，列絳帷兮纏纏。或高歌以擊壺兮，滌陶硯於天池。（處
> 處皆）〔註222〕有陸壺高二尺硯，皆陶為之（無石硯）〔註223〕。山鬼下兮吹燈，
> 招木客兮題詩。重侯佩玉兮進羞，儼禮神兮益卑。貴者冠兮跣途，餐
> 席地兮趺居。咨由余於戎方兮，訪有吳之季子。紛披髮而冠纓兮，胡
> 觀樂乎大方而與之論詩旨。懸鞿韅兮縹緲，乘風雲兮步虛。眺有戎之
> 嫻女兮，觀蒙山之都姝。羌雪白而漆黑兮，亦蛾眉而曼膚。上衣古而
> 過骭兮，又圍裳而重襦。袖飄飄其仍風兮，跣足足而泥塗（一作途）
> 〔註224〕。資珍髢以弗售兮，齒黝黝而牙聲。〔註225〕

〔註218〕《楚辭補注》，卷1，頁43～44。
〔註219〕《楚辭補注》，卷5，頁168。
〔註220〕《楚辭補注》，卷5，頁169。
〔註221〕《楚辭補注》，卷5，頁169～170。
〔註222〕《越嶠書》，《四庫全書存目叢書》，史部，載記類，第163冊，卷17，頁9，
　　　　總頁163-247。
〔註223〕《越嶠書》，《四庫全書存目叢書》，史部，載記類，第163冊，卷17，頁9，
　　　　總頁163-247。
〔註224〕《越嶠書》，《四庫全書存目叢書》，史部，載記類，第163冊，卷17，頁9，
　　　　總頁163-247。
〔註225〕《樵風》，《廣州大典》，第56輯，集部，別集類，第4冊，卷2，頁6，總頁
　　　　768。

湛若水前寫天使館的裝潢，「丹幄」、「雲帔」、「銷金蕙帳」、「五彩流蘇」，華美
至極。筆鋒一轉，寫到前來作詩酬唱的安南文人士宦。「山鬼」，據《太平御覽·
鱗介部》形容：「安國縣有山鬼形體如人而一腳，裁長一尺許，好噉鹽，伐木
人鹽輒偷將去。不甚畏人，人亦不敢犯，犯之即不利也。喜於山澗中取食蟹。」
〔註226〕。「木客」，據《太平御覽·神鬼部》記載：「木客，乃鬼類也，形似人，
語亦如人。」〔註227〕

　　「《山海經》關於四周地域的各種『人』的想像，充當了對任何異域事物
進行解釋和描述的資源，特別是關於那些似乎具有『非人』特徵的異域人形
象」，〔註228〕英國學者馮客（Frank Dikotter）認為《山海經》裡關於大人國、
小人國、白民國，還有生活在奇肱國、互人國、結胸國、梟陽國、鑿齒國、三
首國、長臂國、……等等奇人異種的記載，是古人對於舟車難至的遠方，其異
域事物的描述和解釋方式。而這裡，湛若水引《太平御覽》鱗介部、神鬼部裡
「非人」的形象來形容安南士人，除了表現他固守於古典文獻的異族知識之
外，另一方面則顯現出即便安南人就在眼前，湛若水對於安南人的形象，卻始
終停留於明朝士大夫的歷史記憶與共同想像中。〔註229〕

　　即便到了〈交南賦〉的後段，湛若水向安南人探詢安南的草木鳥獸、地域
風貌，甚至直接以「鳥」稱呼所諮詢的安南人：

> 慨有職乎咨詢兮，雖草木鳥獸而莫予讀。……招朱鳥兮七宿，分南
> 野而司天。乃靈哲夫天飛兮，盡於余而具陳。鳥恍惚而夕降，曰余
> 不習乎世言。交三趾而作篆兮，庶余意之或宣。〔註230〕

湛若水以「鳥」稱呼所諮詢的安南人，係從《山海經》「帝俊使四鳥」〔註231〕
之說。《山海經》認為帝俊即舜，〔註232〕帝俊為東方鳥族上帝。〔註233〕「帝

〔註226〕《太平御覽》，卷942，頁4317-2。
〔註227〕《太平御覽》，卷48，頁364-2。
〔註228〕〔英〕馮客（Frank Dikotter）原著，楊立華譯：《近代中國之種族觀念 The Discourse of Race in Modern China》（南京：江蘇人民出版社，1999年），頁8。
〔註229〕《三才圖會·人物卷》：「交趾，一名安南。其人乃山狙瓠犬之遺種，其性奸狡，剪髮跣足，穵目仰喙，極醜惡。其狀類禑廣，人稱為夷鬼。貌類人者，漢馬援兵之遺也。」《三才圖會》，頁817。
〔註230〕《樵風》，《廣州大典》，第56輯，集部，別集類，第4冊，卷2，頁7，總頁768。
〔註231〕《山海經校注》，卷10，頁367。
〔註232〕《山海經校注》，卷9，頁343。
〔註233〕李豐楙：《山海經：神話的故鄉》（臺北：時報文化出版有限公司，1994年），頁125。

俊使四鳥」，則具有上／下對應的權力關係，以此投射（projection）〔註234〕明與安南間的權力流動。同時呼應時人對安南的基本認知：「夫行乎蠻煙瘴雨之域，以接鳥言獸面之人，計其殊形異態，紛然吾目自非有主於中，不為彼所侵亂者幾希。」〔註235〕，「鳥言獸面之人」是他們對安南人的刻板印象。

「重侯佩玉兮進饌，儼禮神兮益卑」，指安南士人進獻珍饌，對明使態度恭敬有禮，宛如禮神一般。「咨由余於戎方兮，訪有吳之季子」，此處引用春秋時期輔佐秦穆公的賢臣由余，〔註236〕以及吳國賢臣季札的典故，〔註237〕表達安南士人謙卑地前來向明使請教。而湛若水的態度是「胡觀樂乎大方而與之論詩旨」，表現出天朝上國的倨傲姿態。

接著，描寫安南仕女。「步虛」，指如神仙般凌空步行，如《太平廣記》「可以步虛，可以隱形。長生久視，還白留青。」〔註238〕，此處形容安南仕女步履輕盈。後段則讚美安南女子皮膚白皙，眉目漆黑，美如有娀氏女簡狄、夏桀之妹嬉，塑造其仙女姿態。但又寫女子衣袂飄飄，雙足沾泥，牙齒黝黑，說著土話，又回到現實寫安南女子的實像。意即潘希曾〈南交紀事〉：「黑牙喧鳥雀，赤腳走荊榛。」〔註239〕。

〔註234〕〔瑞〕卡爾·榮格（C. G. Jung），莊仲黎譯：《榮格論心理類型 Psychologische Typen》（臺北：商周出版，2017年），頁515。

〔註235〕明·尹襄：《巽峰集》，《四庫全書存目叢書》（臺南：莊嚴文化事業有限公司，1997年影印原北平圖書館藏明嘉刻崇禎八年柴胤璧修補本），集部，別集類，第67冊，卷10，頁238。

〔註236〕《史記·秦本紀》：「戎王使由余於秦。由余，其先晉人也，亡入戎，能晉言。聞繆公賢，故使由余觀秦。……於是秦乃歸由余。由余數諫不聽，繆公又數使人閒要由余，由余遂去降秦。繆公以客禮禮之，問伐戎之形。三十六年，繆公復益厚孟明等，使將兵伐晉，渡河焚船，大敗晉人，取王官及鄀，以報殽之役。晉人皆城守不敢出。於是繆公乃自茅津渡河，封殽中尸，為發喪，哭之三日。乃誓於軍曰：『嗟士卒！聽無譁，余誓告汝。古之人謀黃髮番番，則無所過。』以申思不用蹇叔、百里傒之謀，故作此誓，令後世以記余過。君子聞之，皆為垂涕，曰：『嗟乎！秦繆公之與人周也，卒得孟明之慶。』三十七年，秦用由余謀伐戎王，益國十二，開地千里，遂霸西戎。」《史記》，卷5，頁193～194。

〔註237〕《史記·吳太伯世家》：「季札之初使，北過徐君。徐君好季札劍，口弗敢言。季札心知之，為使上國，未獻。還至徐，徐君已死，於是乃解其寶劍，繫之徐君冢樹而去。從者曰：『徐君已死，尚誰予乎？』季子曰：『不然。始吾心已許之，豈以死倍吾心哉！』」《史記》，卷31，頁1459。

〔註238〕北宋·李昉等編：《太平廣記》（北京：中華書局，1961年），卷3，頁21。

〔註239〕《竹澗集》，《文津閣四庫全書》，集部，別集類，第423冊，卷2，頁18，總頁1266-668。

之後，湛若水轉而觀察安南的社會狀況：

> 仍葛洪之丹砂兮，將愽（一作轉）〔註240〕訪乎勾漏。逢鮑靚於南海兮，途亦與之幽遘。勾漏山在安南之南境，葛洪求丹砂即此也。觀民居之鳥翼兮，恒（一作垣）〔註241〕居高而簷低。其俗從古為鳥翼，屋簷低皆俯身而入。〔註242〕方甍瓦而銳下兮，鱗厥形如短圭。爰乘茸而平敷兮，象鱗鱗其魚魚。豈水族相感而則然兮，乃厥類而象諸。安南之制，民居如此；若王居瓦，一如中國。鳥翼堂而里置兮，日中市于（一作於）〔註243〕墟落。環（一作還）〔註244〕四面以施欄兮，中市官而均榷。

東晉葛洪（284～364）聽聞交阯出丹砂，求為句漏令，遷廣州，止羅浮山煉丹。〔註245〕據王圻《類書三才圖會·勾漏山圖》載：「勾漏山，在梧州府北流縣東北一十五里，……。其巖穴勾曲穿漏，故名。山有寶圭洞，……洞有三石室，相傳葛洪嘗於此脩煉。」〔註246〕，而湛若水自注「勾漏山在安南之南境，葛洪求丹砂即此也。」〔註247〕，意欲表達在東晉時期，中國禮教文化亦曾傳播至此地。呼應前段潘希曾所述：「藐茲溟海壖，聲教古所漸。」〔註248〕。

接著，湛若水描寫安南民居，如同陳孚〈安南即事〉所描述「魚鱗簷粲瓦，鵲尾海浮桴。」〔註249〕，《元詩紀事》為此註解說：「元瓦形如板，上正方而銳其下之半，如古圭然。橫半竹以為棧，以竹釘釘其瓦於棧上，自簷以次相壓

〔註240〕《越嶠書》，《四庫全書存目叢書》，史部，載記類，第163冊，卷17，頁9，總頁163-247。

〔註241〕《越嶠書》，《四庫全書存目叢書》，史部，載記類，第163冊，卷17，頁9，總頁163-247。

〔註242〕《越嶠書》，《四庫全書存目叢書》，史部，載記類，第163冊，卷17，頁9，總頁163-247。

〔註243〕《越嶠書》，《四庫全書存目叢書》，史部，載記類，第163冊，卷17，頁9，總頁163-247。

〔註244〕《越嶠書》，《四庫全書存目叢書》，史部，載記類，第163冊，卷17，頁9，總頁163-247。

〔註245〕南宋·沈作賓修，南宋·施宿等纂：《嘉泰會稽志》，《宋元方志叢刊》（北京：中華書局，1990年），卷15，頁7033-2。

〔註246〕《類書三才圖會》，卷12，頁23-1～23-2。

〔註247〕《樵風》，《廣州大典》，第56輯，集部，別集類，第4冊，卷2，頁6，總頁768。

〔註248〕《竹澗集》，《景印文淵閣四庫全書》，集部，第1266冊，卷2，頁14，總頁1266-666。

〔註249〕《陳剛中詩集》，《四庫全書珍本》，集部，別集類，第404冊，卷2，頁36。

至屋脊，宛如魚鱗。舟輕而長，板甚薄，尾如鴛鴦之翅，兩旁翹起」。〔註250〕
潘希曾〈南交紀事〉則說：「野栖茅覆屋，露積竹為困。」〔註251〕，屋型與明
朝大不相同。另外，在墟落中有市場進行買賣，也有徵收稅務的交易所。

五、傳說與親歷

湛若水不厭其煩地詢問安南風物：

> 曰：「邈邈乎皇穹之冥玄也，昭昭乎博厚，邇而不可原也。揖祝融之
> 冥冥兮，而南紀之專也。紛摠摠（一作總總）〔註252〕其淵陸兮，盡
> 悉余之昌言也。〔註253〕

湛若水所諮詢的安南人說，皇天之蒼玄，既深遠而廣博深厚，近而無法推究其
起源。打從祝融時代開始，就是南方紀元了，海陸蟲魚鳥獸，林林總總，難以
一語言盡。表達安南的存在時間悠久，有深厚的歷史澱積。

> 曰：「維揚之末裔兮，土亦殊乎塗泥。貢奇南以沉水兮，又南金之與
> 纖絺。禹貢揚州厥上塗泥金，安南土赤，〔註254〕本朝入貢有奇南沉香、金器土
> 絹。橘柚包而莫致兮，丹荔遠而見遺。緊鑄山兮為金，又煮海兮以為
> 鹽。波羅特乎彼岸兮，安息以液而自殲。波羅蜜、安息香惟安南產之。傒
> 具矢而捷射兮，獸帶甲而穿山。麝藉香以為崇兮，猩猩機疏乎能言。
> 探余驪龍之頷珠兮，又網海根之珊瑚。佩（一作珮）〔註255〕明月乎
> 南海兮，拂若木於明都。箭豬、穿山甲、麝、猩猩、明珠、珊瑚，皆安南所
> 有。」〔註256〕

再來，言安南一地水土特色及資源。有沉香、黃金與纖絺，橘柚、丹荔，鑄

〔註250〕《元詩紀事》，卷9，頁182。

〔註251〕《竹澗集》，《文津閣四庫全書》，集部，別集類，第423冊，卷2，頁18，總
頁1266-668。

〔註252〕《越嶠書》，《四庫全書存目叢書》，史部，載記類，第163冊，卷17，頁10，
總頁163-247。

〔註253〕《樵風》，《廣州大典》，第56輯，集部，別集類，第4冊，卷2，頁8，總頁
769。

〔註254〕《越嶠書》，《四庫全書存目叢書》，史部，載記類，第163冊，卷17，頁11，
總頁163-248。

〔註255〕《越嶠書》，《四庫全書存目叢書》，史部，載記類，第163冊，卷17，頁11，
總頁163-248。

〔註256〕《樵風》，《廣州大典》，第56輯，集部，別集類，第4冊，卷2，頁8，總頁
769。

山為金，煮海為鹽。有波羅蜜、安息香、箭豬、穿山甲、麝香、猩猩等奇珍異獸。龍之頷珠及海之珊瑚等，都是安南所有。是以，在元代安南曾奉貢「蘇合油、光香、金、銀、朱砂、沉香、檀香、犀角、玳瑁、珍珠、象牙、綿、白磁盞等物」。〔註 257〕李文鳳《越嶠書》詳載安南物產包括：田土、蠶桑、珊瑚、玳瑁、鹽、黃白金、明珠、蘇合油、胡椒、羚羊角、丹砂、香、安息香、金顏、排香、香附子、降真香、蜜、鉛、鐵、桂、紫草、訶黎勒、常山、蒲黃、阿魏、風薑、茶、薏苡、火姜、高涼姜、黃薑、欝金、通天犀、辟水犀、辟寒犀、象、兕、白鹿、潛水牛、猩猩、狒狒、蟻子鹽醢、蒙貴、白雉、翡翠、蚺蛇、菴羅果、波羅蜜、烏木、蘇木等等，〔註 258〕種類繁多。由此可見，真實世界中的安南，歷史悠久，物產豐富，古典記載引發湛若水中對安南傳說的聯想

> 「獸為舞而唧戈兮，蓬萊浮海而負鰲；射工巧而俟影兮，巴蛇吞象而吐哺。」又，「九首吞人兮，天吳怒號。犀胡靈兮，而厥角通天；象奚知兮，而委齒自埋乎。有儵忽兮玄虯，負黃熊兮出遊。眺西皇之青鳥兮，見王喬之雙鳧。獸唧戈見《山海經》蓬萊海上山，安南有射工、雄蛇百丈、九首吞象，吞人有水犀，有象能自埋齒云云。悅海若兮夜出，水妃偕兮朋遨。胡馮夷兮娶婦，諒佳期兮好述。何海上之居人兮，頭宵飛而海食。晨則返而完歸兮，又追隨於往夕。舊傳安南海峒，有人頭飛海中求食，晨返。頸中有縫，如線。」〔註 259〕

「何海上之居人兮，頭宵飛而海食。晨則返而完歸兮，又追隨於往夕」，意即陳孚〈安南即事〉所言「鼻飲如瓴瓶，頭飛似轆轤。」〔註 260〕，郎瑛（1487～1566）《七修類稿》專篇提及此事：「元詩人陳孚，出使安南，有紀事之詩曰：『鼻飲如瓴瓶，頭飛似轆轤。』蓋言土人能鼻飲者，有頭能夜飛於海食魚，曉復歸身者。」〔註 261〕。「鼻飲」者，首見於《漢書》「駱越之人父子同川而浴，相習以鼻飲，與禽獸無異」，〔註 262〕充滿神話怪誕色彩。

〔註 257〕　《元史》，卷 209，頁 4635。
〔註 258〕　《越嶠書》，《四庫全書存目叢書》，史部，載記類，第 162 冊，卷 1，頁 162-678～162-680。
〔註 259〕　《樵風》，《廣州大典》，第 56 輯，集部，別集類，第 4 冊，卷 2，頁 8～9，總頁 769。
〔註 260〕　《陳剛中詩集》，《四庫全書珍本》，集部，別集類，第 404 冊，卷 2，頁 35。
〔註 261〕　《七修類稿》，卷 49，頁 713。
〔註 262〕　《漢書》，卷 64 下，頁 2834。

歌曰：「貳神儵詭誕慌惚兮，懵乎余狐疑助莫決兮。騎彼箕尾，揖傳
說兮。天路漫漫，何脩越兮。昔羲氏之宅交兮，化為神於日馭。」
曰：「南訛以平秩兮，就余訂以一語。依朝曦而折衷兮，庶決吾之猶
豫。」〔註263〕

湛若水整理上述傳說之後，模擬《楚辭》筆法，給予過往的典籍記載、傳說
的想像下一段小結。先化用《淮南子・精神訓》所說：「古未有天地之時，
惟像無形，窈窈冥冥，芒芠漠閔，澒濛鴻洞，莫知其門。有二神混生，經天
營地，孔乎莫知其所終極，滔乎莫知其所止息」〔註264〕及《楚辭・遠遊》
「奇傅說之託辰星兮，羨韓眾之得一，形穆穆以浸遠兮，離人羣而遁逸。」
〔註265〕，與傳說的傳說：「傅說得之，以相武丁，奄有天下，乘東維，騎箕
尾，而比於列星。」〔註266〕、《尚書・堯典》「申命羲叔，宅南交。平秩南
訛，敬致。」〔註267〕等典故後，湛若水認為關於異域蠻族的故事，也就是
傳聞中的安南，是「當時的傳聞經過了歷史的記載和時間的積澱，便在古代
這種尊重歷史文字的習慣中，彷彿成了真實的故事」，〔註268〕與作者在安南
所見的異族相距甚遠，即本段末句所提到的「依朝曦而折衷兮，庶決吾之猶
豫」。換言之，前人關於異域的記載，與現實生活中關於異域的知識有差距，
而這樣的差距建構了「想像的異國」（imagine of foreign countries）〔註269〕。

曰：「物之生，顓玄趾基。一體齊氣，孰（《越》本作就）〔註270〕首飛
之。斷永不續，孰能彌之？補天有石，誰其治之？鼇足立極，孰睹裁
之？象能埋牙，誰親掘之？無爪無角，誰與鍤之？馮夷娶婦，匪形安
恊。水僊有宮，胡身業之。鵬翼垂天，誰能運之？扶搖（而起）〔註271〕

〔註263〕　《樵風》，《廣州大典》，第56輯，集部，別集類，第4冊，卷2，頁9，總頁
769。
〔註264〕　《淮南子》，卷7，頁218。
〔註265〕　《楚辭補注》，卷5，頁164～165。
〔註266〕　《莊子集解》，《新編諸子集成》，卷2，頁61。
〔註267〕　《重栞宋本尚書注疏附挍勘記》，《重刊宋本十三經注疏附校勘記》，卷2，頁
21-1。
〔註268〕　《諸蕃志校釋》，頁81～82。
〔註269〕　《宅茲中國：重建有關「中國」的歷史論述》，頁69。
〔註270〕　《越嶠書》，《四庫全書存目叢書》，史部，載記類，第163冊，卷17，頁12，
總頁163-248。
〔註271〕　《越嶠書》，《四庫全書存目叢書》，史部，載記類，第163冊，卷17，頁12，
總頁163-248。

擊（《越》本作繫）〔註272〕水三千，孰其伣之？有鳥九頭，孰啄食之？惟天一本，誰參析之？虺毒一足，誰附益之？天地之常，傳物有極。日月曈靈，風鼓雷析。動植潛飛，咸識其職。百家九流，荒唐莫測。爰有典謨，聖人作式。厥民析因，鳥獸孳革，過此，則非吾之所識。」〔註273〕

因此，在湛若水諮訪安南風土人情後，總結過往典籍記載的安南與真實的安南，在認知上已經產生了差異。在掌握、支配認知後，給予了不同的評價。換言之，湛若水產生「對認知之認知」（cognition about cognition），也就是所謂的後設認知（metacognition）。〔註274〕

在湛若水提出一連串的問題後，引《莊子・大宗師》「夫道，有情有信，无為无形；可傳而不可受，可得而不可見」〔註275〕，言萬事萬物雖各有其道，然從自己的認知（cognition）角度來看，歸咎這些奇特的事物，多來自神話傳說，荒誕不經。最後，以《尚書・堯典》「『厥民析、因、夷、隩』，非是使民如此，民自是如此。因者，因其析後之事」〔註276〕，總結自己的看法：古聖賢人的真實記載，與現實生活中安南的自然萬物有所相印證，其餘超出此範圍的怪誕傳說，也就是來自真實記憶與傳說的想像，則非其所見所知的範疇。因此，本段並非葉曄〈明人域外賦雙璧：董越《朝鮮賦》與湛若水《交南賦》〉所言，「（湛若水）不得不廣徵先唐典籍，用自己的才情和學力，來彌補見聞上的一些缺憾。」〔註277〕，而是實際所見的安南風物簡單，並非先唐百家九流所言的那麼誇大不實，且亦沒有甚麼特異之處。在此，呼應作者前段所說的「睹民物風俗，黮陋無足異者」。

從文學角度觀之，湛若水選擇楚騷體寫作〈交南賦〉的方式，「採用楚騷的文體形式，以『兮』作為其基本的句型」，既「具有〈離騷〉的抒情特

〔註272〕《越嶠書》，《四庫全書存目叢書》，史部，載記類，第163冊，卷17，頁12，總頁163-248。

〔註273〕《樵風》，《廣州大典》，第56輯，集部，別集類，第4冊，卷2，頁9～10，總頁769-770。

〔註274〕《張氏心理學辭典》，頁406～407。

〔註275〕《莊子集解》，《新編諸子集成》，卷2，頁59。

〔註276〕南宋・黎靖德編，王星賢點校：《朱子語類》（北京：中華書局，1986年），卷78，頁1992。

〔註277〕葉曄：〈明人域外賦雙璧：董越《朝鮮賦》與湛若水《交南賦》〉，《文史知識》第6期（2009年6月），頁35。

質」〔註278〕，更以騷體「含蓄深婉」〔註279〕的特質，書寫明士大夫對於安南的普遍情懷。湛若水這樣的操作手法，並非「以辭取勝，用自己的才力來掩飾見聞上的貧乏」，〔註280〕而是在時下籠罩著士大夫集體固守於負面的安南記憶中，試圖走出一條「親服所見」的真實道路，他完全承繼了屈騷「典範模習」〔註281〕的「活法」，同時反映出湛若水本身也固守於傳統的安南觀。因此，在這樣的意識驅使下，選擇以離騷的神話形式進行敘寫。

以心理學的觀點來看，先秦典籍關於安南的真實／想像記載已經內化在湛若水的潛意識（Unconscious）層面，支配著湛若水對安南的原始想法；而明朝士大夫普遍的安南觀屬於意識（Preconscious）層面，可以為自我所控制。而親歷安南後的認知，則是意識（Conscious／或作「顯意識」）的層面，在湛若水書寫〈交南賦〉當下具有理性的思考活動，因而湛若水做出「百家九流，荒唐莫測。爰有典謨，聖人作式。厥民析因，鳥獸孳革，過此，則非吾之所識。」的結論，也就是回歸「怪往（時）相傳過實，託三神參訂，而卒歸之於常」的理性層面。

再者，湛若水大量援引神話、先秦典籍敘寫此趟出使經歷，虛實之間，將明朝的自我形象神格化，正呼應趙沛霖所說的：「將神話傳說、歷史事實和現實生活熔為一爐，別開生面地創造出神奇瑰麗而又和諧統一的藝術境界。」〔註282〕。換言之，湛若水採用神話筆法，既可固守傳統安南屬於中國領土的記憶，又可使文章不受時空的局限，顯現南方特有的浪漫傳統，並淡化了潛意識裡對於安南「曷不返乎初服兮」、「鄙夷甘異習」的心情。

〔註278〕郭建勛：《辭賦文體研究》（北京：中華書局，2007 年），頁 7、17。

〔註279〕明・胡應麟撰：《詩藪內編》，《四庫全書存目叢書》（臺南：莊嚴文化事業有限公司，1997 年影印南開大學圖書館藏明刻本），集部，詩文評類，第 418 冊，卷 1，頁 631。

〔註280〕葉曄：〈明人域外賦雙璧：董越《朝鮮賦》與湛若水《交南賦》〉，《文史知識》第 6 期（2009 年 6 月），頁 36。

〔註281〕「典範模習是以某一典範為對象進行整體性的模習，不管體製或體式，其模法都是重在整體的掌握，而不做局部修辭的仿造。因此即使有所謂『法』，也是原理、原則性的『活法』，……而非瑣碎規格的『死法』。」顏崑陽：〈論「典範模習」在文學史建構上的「連游效用」與「鍊接效用」〉，收入於輔仁大學中國文學系編：《建構與反思》（臺北：臺灣學生書局有限公司，2002 年），下冊，頁 806。

〔註282〕趙沛霖：《興的源起——歷史積澱與詩歌藝術》（北京：中國社會科學出版社，1987 年），頁 198。

「關於異域蠻族『非人』和『野蠻』的故事，常常並不來自異域的觀察，卻來自本土的想像。古代中國人相信自己的『文明』，而想當然地認定四夷的『野蠻』，當他們仍處在這一歷史傳統中，挾著本土的想像去看異域的生活時，總是把一些恐怖怪異、不可理喻的事情附益在自己並不熟悉的空間裡。」〔註283〕湛若水〈交南賦〉通篇以神格化的主調，拉開明與安南「君臣」間的距離，在觀察安南土風鳥獸之後，以賦的寫實技巧書寫異族知識；對於不熟悉的異族人種，則以神話手法添加歷史想像，綜合呈現一個南方異域的圖像。可說是明土木堡之變後至萬曆年間出使安南使臣作品中，最為完整而「瑰麗奇偉」的記錄。

第三節　禮儀規範：明與安南的共同體制與對話

明使節進入安南後，與安南君臣間的對話作品傳於後世者雖不多，但已可見安南的文物禮制與明朝相同的特色。英宗天順六年（1462），至安南往封的錢溥，安南國王曾作〈律詩十首送天使錢學士歸朝〉〔註284〕贈之，錢溥則回以七封〈與安南國王書〉，〔註285〕彼時雙方有來有往，儘管文章體裁不同，亦可透過隻字片語間捕捉明使節對安南的態度，以及安南國王希冀透過使節向明皇帝轉達安南為文化、禮制之國的形象。王小盾、張嬌合著之〈從黎聖宗看中越之間的詩歌唱酬〉一文，即是梳理黎聖宗時期（1442～1497）安南君、臣贈與錢溥的一系列詩歌，表達安南對明使節錢溥，乃至其背後的正統皇帝的仰慕、恭順之意。〔註286〕然其論文未見錢溥對安南君臣的回應。

正德初年使安南的張弘至，中央研究院傅斯年圖書館數位典藏資料庫收錄其清康熙年間張氏重刊之作品——《使交錄》（又名《萬里志》），除記奉使安南沿途所見，另附數首與安南君臣和韻詩，〔註287〕惟其著作一則部分詩作

〔註283〕《宅茲中國：重建有關「中國」的歷史論述》，頁77。
〔註284〕《越嶠書》，《四庫全書存目叢書》，史部，載記類，第163冊，卷20，頁史163-292～163-293。
〔註285〕明‧程敏政選編：《皇明文衡》，《四部叢刊正編》（臺北：臺灣商務印書館，1979年據上海涵芬樓借印無錫孫氏藏明嘉靖盧煥刊本重印），第98冊，卷28，頁4，總頁249～10，總頁252。
〔註286〕王小盾、張嬌：〈從黎聖宗看中越之間的詩歌唱酬〉，收錄於張伯偉編著：《域外漢籍研究集刊》（北京：中華書局，2016年），第十三輯，頁231～251。
〔註287〕《萬里志‧自敘》，《張東海文集》，第9冊，卷上，頁8。

字句多有缺漏，一則附載於其父張東海之《張東海文集》後，鮮為人知，一般人或誤以為是張東海之作，因此幾乎無研究者專文探究。

　　正德七年（1512）出使安南的湛若水及潘希曾，與安南君臣間留下的數首唱和詩，完整收錄於法國巴黎亞洲學會藏大越國後黎朝熙宗黎維祫正和十八年（1697）內閣官本之《大越史記全書》及北京大學圖書館藏明藍格鈔本之《越嶠書》。其餘對話之作，寥寥無幾，或散見於使臣個別著作中。湛若水與安南君臣間的唱和詩，張京華曾撰文探討其創作意涵，品評湛若水及潘希曾與安南君臣間的酬唱。〔註288〕因而，本節以錢溥與安南君臣、湛若水及潘希曾、張弘至與安南君王、頭目、陪臣等之對話、唱和詩為主要研究文本，旁及其他時期相關作品及史料（如《越嶠書》、《大越史記全書》、《竹澗集》及《泉翁大全集》、《湛甘泉先生文集》等），作歷時性與縱貫面（diachronic）的分析。

一、禮制文物統合為一

　　天順六年（1462），正是土木堡之變後的第二年，也是英宗重掌政權的一年。當時安南國王黎濬已薨，英宗遣翰林院侍讀學士錢溥、禮科給事中王豫往封故安南國王黎麟之子黎灝為國王。〔註289〕《大越史記全書》所稱之「英雄才略之主」的黎灝（黎聖宗）〔註290〕作〈律詩十首送天使錢學士歸朝〉贈之，此十首詩完整收錄於《越嶠書》中。第一首詩言：

> 承詔迎秋下日南，天顏咫尺聖恩覃；國從玉節開昌運，山逐金飇掃瘴嵐。自是襲封昭嗣與，不同推結變朝簪；卻慚定魯非高子，留與邦人作美談。〔註291〕

從秋日安南承詔迎接寫起，自迎接明朝詔書之後，一掃此前瘴氣（前安南國王黎琮弒黎濬，黎琮被誅後，黎灝嗣位），〔註292〕自言襲封為王，未有變朝簪之功，並引春秋時期季友定魯的典故，〔註293〕希望能記錄下來給國人以為美談。

〔註288〕張京華：〈作詩的使臣——湛若水與安南君臣的酬唱〉，《外國文學評論》第3期（2018年），頁5-49。

〔註289〕《明實錄》（明英宗實錄），卷337，頁6884。

〔註290〕《大越史記全書》，卷12，頁639。

〔註291〕《越嶠書》，《四庫全書存目叢書》，史部，載記類，第163冊，卷19，總頁史163-292。

〔註292〕《明史》，卷321，頁8327。

〔註293〕宋・葉夢得撰：《春秋考》（中央研究院漢籍電子文獻資料庫影印清乾隆敕刻武英殿聚珍本），卷12，頁1-1～11-2。

　　面對安南國王黎灝的深情厚誼，錢溥作了七封〈與安南國王書〉回應。第一封回應黎灝的第一首詩，先言錢溥、王豫與柴昇等係因安南「竊欲為王，言之王實，始封安南國王之孫，傳父及兄，至王蓋四世矣！況王材足以靖亂，賢足以得國，禮請天朝名正而言順，可謂適經而與。權一誠而無偽者，而何待於言為哉！今王發政施仁之始，正百官承式之時，使往事之未明，恐後疑之復啟，故言之不能以自已也。」〔註294〕，因而奉旨前往錫封，「以奠我南服」，〔註295〕彰顯明朝的威勢。

　　續以「又百年而習俗終未變邪！傳曰：『魯不棄周禮，未可動也。』又曰：『晉未可喻也』，其朝多君子。季札聘魯，見舞簫韶而歎盛德。孔子見郯子，得聞官制而曰：『天子失官，學在四夷。』，是皆以禮樂制度，維持其國於周室傾危之時，罔以內外，而有間也。況我朝之於安南，一惟禮文相與，而各極事大字小之誠，而何獨不誠於待使邪？」〔註296〕，引《左傳·閔公元年》「魯不棄周禮，未可動也。」〔註297〕、《左傳·襄公三十年》「晉未可喻也。」〔註298〕，其朝多君子、《左傳·昭公十七年》「仲尼聞之，見於郯子而學之。既而告人曰：『吾聞之：『天子失官，學在四夷』，猶信。』」〔註299〕」，言安南仍以禮樂制度維持其國。〔註300〕

　　接著，黎灝的第二首詩言道：

舉國君臣迓使旌，富良江山古螺城；一封恩詔乾坤重，萬斛明珠草芥輕。錫土久安朱鳥分，委心奚用白雞盟；願言國祚同天壽，帶礪河山願治平。〔註301〕

「一封恩詔乾坤重，萬斛明珠草芥輕。」一句，言明朝恩詔之重。「錫土」，

〔註294〕《皇明文衡》，《四部叢刊正編》，第 98 冊，卷 28，頁 4，總頁 249。
〔註295〕《皇明文衡》，《四部叢刊正編》，第 98 冊，卷 28，頁 4，總頁 249。
〔註296〕《皇明文衡》，《四部叢刊正編》，第 98 冊，卷 28，頁 6（250）。
〔註297〕《重栞宋本左傳注疏附挍勘記》，《重刊宋本十三經注疏附校勘記》，卷 11，頁 188-1。
〔註298〕《重栞宋本左傳注疏附挍勘記》，《重刊宋本十三經注疏附校勘記》，卷 40，頁 681-1。
〔註299〕《重栞宋本左傳注疏附挍勘記》，《重刊宋本十三經注疏附校勘記》，卷 48，頁 838-1。
〔註300〕《皇明文衡》，《四部叢刊正編》，第 98 冊，卷 28，頁 6（250）。
〔註301〕《越嶠書》，《四庫全書存目叢書》，史部，載記類，第 163 冊，卷 19，頁史 163-292。

原意為賜土封國，在此應以《明史》所言，解釋為「分封而不錫土」〔註302〕之意。「朱鳥」，在此指南方之神，東漢王逸（生卒年不詳）〈魯靈光殿賦〉有言：「朱鳥舒翼以峙衡，騰蚺蟉虬而遠榱。」，李周翰注曰：「朱鳥，朱雀，南方神也。」〔註303〕。「白雞盟」，即唐人所稱之「丹雞盟」。唐人楊炯（650～卒年不詳）〈唐恒州刺史建昌公王公神道碑〉有言：「境接東甌，地鄰南越。言其寶利則玕璊珠璣，敘其風俗則丹雞白犬。」〔註304〕。古越俗男女相愛定情祭以丹雞白犬，後遂用作盟誓的典故，如宋人陸游〈秋花嘆〉言：「讀我〈秋花詩〉，可代丹雞盟。」〔註305〕，此處為安南國王黎灝寫舉國迎接明使的情形。

　　期間，安南禮儀恐未達成明朝標準，錢溥以〈回儀注〉、〈論禮不行〉、〈再論禮〉等書信，再請安南解釋說明。第二封〈回儀注〉言「安南素稱文物邦，其畏天事大之誠，固無所不至，而獨於待使之禮尚有所不一者」，〔註306〕因此錢溥馳書於安南國王，「願聞所以不一之故」。〔註307〕其後，以「人之受病，誤餌其藥，則病雜矣！後之醫者，不發其源而救之，將何以臻效？」〔註308〕為喻，盼安南國王予以解惑。五日後，安南國王回書說明，令錢溥寫下「禮雖無據，言則可信。是受病之源已見，而求療之心亦篤矣。」〔註309〕，錢溥並引《大明集禮》進一步解釋安南禮之不一的原因。

　　第三封〈論禮不行〉，再論「宴坐之禮」。錢溥引《洪武禮制》及《大明集禮》道，「蓋以《洪武禮制》所載，皆詔行有司，而未及蕃國；《大明集禮》所載，有詔行蕃國，而未及封拜。故酌古準今而成此，使其昧此而一。」〔註310〕，以禮制而言，明使應向南而坐執之，安南國王北面而坐。錢溥質疑安南國王「王亦何辭以辯？」，且「王不復察，此又欲易國卿之禮，如殿坐之儀則已，自王

〔註302〕《明史》，卷120，頁3659。

〔註303〕東漢・王逸〈魯靈光殿賦〉收錄於《文選》，卷11，頁514。

〔註304〕唐・楊炯〈唐恒州刺史建昌公王公神道碑〉收錄於宋・李昉等奉勒編，宋・彭叔夏辨證，清・勞格拾遺：《文苑英華》（北京：中華書局，1966年），卷919，頁4838-2。

〔註305〕辛夷，成志偉主編：《中國典故大辭典》（北京：燕山出版社，1991年），頁121。

〔註306〕《皇明文衡》，《四部叢刊正編》，第98冊，卷28，頁6，總頁250。

〔註307〕《皇明文衡》，《四部叢刊正編》，第98冊，卷28，頁6，總頁250。

〔註308〕《皇明文衡》，《四部叢刊正編》，第98冊，卷28，頁7，總頁250。

〔註309〕《皇明文衡》，《四部叢刊正編》，第98冊，卷28，頁7，總頁250。

〔註310〕《皇明文衡》，《四部叢刊正編》，第98冊，卷28，頁8，總頁251。

之矣，何必請命九重之上，而勞人萬里之外哉？」〔註311〕，並提出「若曰王命未宣，而未敢遽相勞，則天下豈有不飲食而行事者？蓋與王初見又在禮不在物也。」〔註312〕的看法，一則指陳安南國王黎灝禮制之誤，二則表明此番冊封之行「在禮不在物也」的立場。

第四封〈再論禮〉，錢溥致書安南國王說：「竊以出郊迎勞之禮，當盡賓主南北之說者，公館非殿也，冠服猶卿非王也。是宜執禮度於分內，溢慰論於言表。然後導迎恩命，宣揚國都，東西宴會以如儀，彼此交驩而成禮。豈不隆一代之美談，彰一時之盛事哉！」，再言應執禮有度。錢溥並以《左傳·僖公十一年》：「天王使召武公，內史過賜晉侯命。受玉惰，過歸，告玉曰：『晉侯其無後乎，王賜之命而惰於受瑞，先自棄也已，其何繼之有？禮國之干也，敬，禮之輿也，不敏則禮不行，禮不行則上下昏，何以長世。』〔註313〕」及《左傳·成公十三年》：「成肅公受脤於社，不敬。劉子曰：『吾聞之曰，民受天地之中以生，所謂命也。是以有禮義動作威儀之則，以定命也。能者養以之福，不能者敗以取禍，是故君子勤禮，小人盡力。勤禮莫如致敬，盡力莫如惇篤。敬在養神，篤在守業。國之大事，在祀與戎。祀有執膰，戎有受脤，神之大節也。今成子惰，棄其命矣，其不反乎！』〔註314〕」等典故，回復安南國王遣安南陪臣前來問禮。隨後，安南國王黎灝稱「禮遵舊制東西序，恩治新君上下孚。莫道此來多矯俗，古稱綏遠盡吾儒」，〔註315〕表達安南悉遵明朝禮制，是文化之邦。

緊接著，安南國王黎灝再以「曩無薏苡說何起，甌有菁茅貢已脩」及「陸賈千金曾滿橐，班超萬里亦封侯」，表達贈物贈金的心意，並說「只今相南惟文物，富貴於人豈浪求」，〔註316〕希望錢溥可以接受。

而面對安南國王黎灝贈物贈金的行為，錢溥則接連寫了〈辭送禮〉、〈辭送

〔註311〕《皇明文衡》，《四部叢刊正編》，第98冊，卷28，頁8，總頁251。
〔註312〕《皇明文衡》，《四部叢刊正編》，第98冊，卷28，頁8，總頁251。
〔註313〕《重栞宋本左傳注疏附挍勘記》，《重刊宋本十三經注疏附校勘記》，卷13，頁222-2。
〔註314〕《重栞宋本左傳注疏附挍勘記》，《重刊宋本十三經注疏附校勘記》，卷27，頁460-2～461-1。
〔註315〕《越嶠書》，《四庫全書存目叢書》，史部，載記類，第163冊，卷19，總頁史163-293。
〔註316〕《越嶠書》，《四庫全書存目叢書》，史部，載記類，第163冊，卷19，總頁史163-293。

私贈〉、〈再辭私贈〉三封信回復。第五封〈辭送禮〉中，錢溥前寫「伏自寓館以來，王之牢醴餼廩日盈，於始而謙撝，敬慎不替於終。」〔註317〕，先表達雖安南國王贈禮豐盈，自始至終仍秉持著謙遜謹慎的態度，辭此厚賚。再援引《左傳・襄公十五年》「宋人或得玉，獻諸子罕。子罕弗受。獻玉者曰：『以示玉人，玉人以為寶也，故敢獻之。』子罕曰：『我以不貪為寶，爾以玉為寶。若以與我，皆喪寶也，不若人有其寶。』稽首而告曰：『小人懷璧，不可以越鄉，納此以請死也。』子罕寘諸其里，使玉人為之攻之，富而後使復其所。」〔註318〕典故，展現自己高尚廉潔的品德。

第六封〈辭送私贈〉，則說「昨者迎恩亭上，荷王執盃眷戀之深，送舟凝竚之久，斯情何以云喻？又況贈賄之辭未畢，而納善之禮復加。舟次之拒已絕，而馳遠之使即來，此將物以表其情也，殊不知物盡則情亦盡矣！曷若泯其物，而使斯情恒懸懸於中哉！關山迢遞，日遠日深，瞻仰無由，豈勝慨念不宣。」〔註319〕，再度懇辭安南國王私贈厚禮。

第七封〈再辭私贈〉，則以「然而加厚斯文之情亦有在矣！孰意行頃復出，所辭納善之金以潤我行李，則王所以愛之者，又何若是其涼哉！夫禮無加貨，事無二成。古之使者，嘗謹於此矣！用是返璧，幸無見譴，非此二人不能盡其情也。乘此清風欲歸去，而南望青冥，不過一輪明月共照此心而已。」〔註320〕等句，化用元人陳基（1314～1370）〈新郭〉詞「明月照我心，秋水洗我耳。富貴亦何為，人生行樂爾。」〔註321〕句，堅定懇切地辭謝安南國王的厚愛。

錢溥的後三封書信，即回應安南國王黎灝前述所謂「陸賈千金曾滿橐，班起萬里亦封侯」及「只今相南惟文物，富貴於人豈浪求」的餽贈之情，亦符應《明實錄》載之，「安南國王黎灝餽溥金銀各四十兩、金銀廂帶各一條，餽豫金三十兩、銀四十兩，金銀廂帶各一條。溥等固辭不受，王命陪臣程磐順齎詣京，溥等猶未敢受。」〔註322〕，拒不受餽賚的記載。

〔註317〕《皇明文衡》，《四部叢刊正編》，第98冊，卷28，頁9，總頁251。
〔註318〕《重栞宋本左傳注疏附校勘記》，《重刊宋本十三經注疏附校勘記》，卷32，頁466-2。
〔註319〕《皇明文衡》，《四部叢刊正編》，第98冊，卷28，頁10，總頁252。
〔註320〕《皇明文衡》，《四部叢刊正編》，第98冊，卷28，頁10，總頁252。
〔註321〕元・顧瑛作，明・袁華編：《玉山紀遊》，《欽定四庫全書》（東海大學圖書館藏雕龍中日古籍全文資料庫影印浙江汪啟淑家藏本），集部，總頁集類，頁41。
〔註322〕《明實錄》（明英宗實錄），卷353，頁7071。

安南國王黎灝最後只好以「環極有星皆北向，朝宗無水不東馳」詩句，表明對明朝的忠誠，並以「重橐還朝見天子，一編惟有紀行詩」〔註323〕一句，請錢溥代為向明朝皇帝報告安南的美好。

清人朱彝尊（1629～1709）《靜志居詩話》曾言：「安南曾為郡縣，漸文治者深，而其國人詩，選家多置不錄。予從李文鳳越嶠集，擇其詞旨馴雅者，著於篇。」〔註324〕，認為多數詩家文人多不願選安南詩作，惟明人李文鳳《越嶠書》所選詩歌較為雅正端莊，因而收錄黎灝〈送錢學士溥歸朝〉，詩云：「五嶺天高瘴霧開，詔書飛下越王臺。萬年重紀黃龍瑞，九譯爭看白雉來。曉日珠崖標柱在，秋風銀漢使查回。吾君若問交南事，久已傾心仰上台。」〔註325〕。黎灝這首詩黎灝這首詩寫明朝天子詔書的到來，破除南方瘴霧，並引《呂氏春秋》、《史記》等典故，言天使攜詔而來，安南以上賓禮遇之，最後希望錢溥歸朝後，能向明朝皇帝表達安南慕華之情。

其他安南的朝臣及頭目，則在錢溥離開之時展開熱鬧的唱酬活動。如黎念大頭目則作〈送天使錢學士還朝〉：「駶駶四牡出郊原，萬里歸程快著鞭；笑我術無能縮地，羨君氣有舉沖天。風帆秋掛三湘月，星旃晨凌五嶺煙；料想鈞天清夢裡，夜來先到玉皇前。」〔註326〕，為錢溥餞別。安南朝臣黎景徽〈奉贈錢學士〉有云：「紫殿承恩入夢頻，歸鞭嫋嫋向天津。緋袍色映千山曉，玉節光回萬井春。五嶺風輕金勒緩，三湘月白錦帆新。夜闌宣室如前席，為道交南共帝臣。」〔註327〕，假想錢溥的歸心似箭源自於明朝皇帝的召喚，最後希望錢學士能記得與安南君臣間的交往。安南朝臣阮直〈送錢學士還朝〉則說：「曉日初開瘴霧空，歸程馬首正秋風。知音豈限珠崖北，惜別那禁珥水東。上國有人還獻納，遐方無事賴枰幪。他年兩地如相憶，萬里懸情寄塞鴻。」〔註328〕，希望錢學士勿忘安南諸友。

以上諸例，均可見明使面對安南熱情贈禮的堅定意志，以及安南君臣的文

〔註323〕《越嶠書》，《四庫全書存目叢書》，史部，載記類，第163冊，卷19，總頁史163-294。
〔註324〕清·朱竹垞著，清·姚柳依編：《靜志居詩話》（臺北：明文書局，1991年），卷24，頁32～33。
〔註325〕《靜志居詩話》，卷24，頁33。
〔註326〕《越嶠書》，《四庫全書存目叢書》，史部，載記類，第163冊，卷19，總頁史163-294。
〔註327〕《靜志居詩話》，卷24，頁33。
〔註328〕《靜志居詩話》，卷24，頁33。

學涵養，其唱酬背後的意義，實則是對英宗正統皇帝傳達安南君臣的忠誠，以及表述其對明朝文化的認同。另一方面，從錢學士以書信表達權力話語的功用，回應米歇爾‧傅柯所說：「權力是透過話語發揮作用的東西，因為話語本身是權力關係策略裝置中的一個元素。話語是一系列運作於權力普遍機制中的元素。」〔註329〕。

二、語言殊途文字同歸

明武宗正德二年（1507，丁卯），張弘至與魯鐸出使安南國詔諭正德皇帝即位後，與安南頭目間有和韻之作。張弘至　行人辭別安南來到明朝的邊境，正值雨天，張弘至作〈歸途值雨謝迎送官〉答謝安南頭目相送之誼：

> 歸路交山化雨零，瘴煙消盡海峯青。雲隨旌旆龍蛇遠，春度郊原草木馨。南北皇圖原一統，衣冠清淑自三靈。迢迢迎送今成別，廻首晴霞粲晚汀。〔註330〕

張弘至寫歸程途中，安南頭目相送，想起過往安南原是中國疆土的一部分，禮教文明均來自中國過往的教化之功，而今卻是獨立的藩屬國，使用著共同的文字，不遠千里的迎送，一方面表達感謝之意，實則內心感嘆安南已不是「皇圖」的一部分了。

安南大頭目黎瑀作〈又奉和天使雨途之作〉和之：

> 潦倒殘年六十零，遠蒙惠顧眼終青。一時丁卒雖勞勘，萬古封疆賴諡寧。體悉固能安眾誌，公清應可服山靈。歸囊況有多佳句，奚數王生詠鶴汀。〔註331〕

「王生詠鶴」，應指東漢王粲〈白鶴賦〉，描寫白鶴「白翎稟靈龜之脩壽，資儀鳳之純精。接王喬於湯谷，駕赤松於扶桑。餐靈岳之瓊蘂，吸雲表之露漿。」〔註332〕，以寥寥數語，將白鶴的資稟精純、高潔超俗突顯出來。安南黎瑀頭目前寫明使萬里來到安南，為安南與明朝的安定做出貢獻，後則敘述明使臣錦囊有佳句，如同王粲詠鶴賦作一般，字句精妙。

另，安南頭目裴昌澤則作〈又奉和天使雨途之作因以奉餞〉答之：

〔註329〕Michel Foucault.1994. *Dits et écrits, tome III : 1976-1979*. Paris: Gallimard. p.39. 87. 114. 123. 229. 302.
〔註330〕《萬里志》，《張東海文集》，第 9 冊，卷下，頁 7。
〔註331〕《萬里志》，《張東海文集》，第 9 冊，卷下，附錄交人和韻詩頁 1。
〔註332〕《藝文類聚》，卷 90，頁 1567。

駟原迢遞雨花零，相送頻蒙惠顧青。且喜皇仁胥廣被，休論王事未
遑寧。多情歸興隨風急，無限詩神得酒靈。最是相思相憶處，溶溶
江月芷蘭汀。〔註333〕

裴昌澤的和詩將眼前的氣候、地點及人物、事件融為一體，既表達對明使相思
送別之情，又將情意寄託於自然風物之中。

此外，安南頭目尹宏滋另有〈又奉和天使雨途之作〉：

霡霂方春喜既零，向陽草木一般青。載途道路雖雲若，服役兵夫敢
自寧。體悉諒由君子志，感通自是此心靈。無端塞外明朝別，目送
仙槎過遠汀。〔註334〕

尹宏滋寫微雨中送別明使，「體悉諒由君子志，感通自是此心靈」一句，寫即
便言語不通，仍能感受到彼此依依不捨的心情。

與張弘至同行的魯鐸，亦作有〈別侍送諸頭目次韻九山〉向安南頭目表示
謝意：

嶺樹嵐深草露零，經詢馳送眼還青。旆旌花柳春相媚，尊俎笙簧夜
未寧。問訊每勞傳國語，品題須為謝山靈。三湘歸思君應識，芳芷
蓀蘭綠滿汀。〔註335〕

從魯鐸的作品中，我們可以看到明使在安南受到很大的禮遇，安南頭目一路相
送，設宴餞行，席上簫韶笙簧之音不斷，雖然彼此需要靠翻譯溝通，仍不減高
尚之志。瑞士學者索緒爾在其《普通語言學教程》中，把世界語言分為兩大體
系：表意體系及表音體系。前者的文字與其發音無本質關聯，卻是其所欲表達
之意義的基礎；後者的文字僅僅為聲符，其與意義的關係是意性和偶然性的。
〔註336〕明朝以外的朝貢國家以漢字創作詩歌，正是表意體系的展現，以詩歌
作為所欲表達之意義的基礎。明使節與安南之間詩歌往來造就話語的形成，而
「人類的群體與共同體的形成必須建立在一種共通性的基礎之上，而語言則
是敞開這一共通空間的關鍵所在。由此，權力與語言的關係是內在的，語言所
構成的世界，是現實權力的合法性的源泉。」〔註337〕。換言之，明與朝貢國

〔註333〕《萬里志》，《張東海文集》，第9冊，卷下，附錄交人和韻詩頁2。
〔註334〕《萬里志》，《張東海文集》，第9冊，卷下，附錄交人和韻詩頁3。
〔註335〕《魯文恪公文集》，《四庫全書存目叢書》，集部，別集類，第54冊，卷5，頁13，總頁54-72。
〔註336〕〔瑞〕斐迪南・德・索緒爾（Ferdinand de Saussure）：《普通語言學教程 Cours de linguistique générale》（北京：商務印書館，1980年），頁25、50～51。
〔註337〕洪濤：〈語言與權力—探索早期政治權力的發生及其特點的一個視角〉，《學術

家群體與共同體的形成來自於使用共同的話語，話語的產生同時奠定明朝權力的基礎。

除張宏志與魯鐸留下安南頭目贈言之外，正德七年（1512），明武宗命湛若水與潘希曾前往安南錫封後黎王朝襄翼帝黎晭亦互相贈言。〔註338〕黎襄翼帝初名瀠，又改為晭，為後黎士朝聖宗之孫，建王鑌的第二子。黎威穆帝端慶五年（1509，明正德四年）十月，舉兵至東京，殺威穆帝而自立，以其生日為天保聖節，自稱仁海洞主。在位八年，為權臣鄭惟憕所弒，享壽二十四，葬於元陵，後追尊襄翼帝。襄翼帝即位之初，敷教慎罰，頗有作為。然其優游不斷，土木紛紜，致小民失業，盜賊滋起，〔註339〕因而潘希曾初見襄翼帝時，曾對湛若水說：「安南國王貌美而身傾，性好淫，乃猪王也，亂亡不久矣。」〔註340〕。

湛若水與潘希曾於正德八年（1513）正月抵達安南，冊封黎晭為安南國王。臨別時，互有酬唱之作。襄翼帝餞別湛若水詩云：

> 鳳詔祇承出九重，皇華到處總春風；恩覃越甸山川外，人仰堯天日
> 月中。文軌車書歸混一，威儀禮樂藹昭融；使星耿耿光輝遍，預喜
> 三台瑞色同。〔註341〕

據安南國王黎晭於本詩前引說，「聖天子明德以照四方，顯比以建萬國，以安南文獻之邦待之尤厚，特命內相湛大人捧詔、持節賁臨南國。風度凝遠，禮樂雍容，接見之間，不勝歆羨，遂賦近體詩以表厚意。」〔註342〕。黎晭的〈小引〉鋪陳其作詩動機之外，句末凸顯詩歌的創作體裁為「近體詩」（即安南所稱之「唐律」），也就是明與安南共同認可的話語體例。而黎晭詩句中，「春風」點出時節；「耿耿」，則言湛若水當時的表情較為肅穆，此處與其〈小引〉中所言「湛大人捧詔、持節賁臨南國。風度凝遠，禮樂雍容」互相呼應。本詩顯出明朝與安南文軌車書相同，禮樂威儀亦相通，使節光彩照遍安南，令安南生輝。

湛若水作〈次韻奉酬安南國王〉詩答之曰：

> 山城水郭度重重，初誦新詩見國風；南服莫言分土遠，北辰長在普

月刊》第 10 期（1997 年 10 月），頁 50。
〔註338〕《蒼梧軍門志》，卷 28，頁 26-1、26-2。
〔註339〕《大越史記全書》，卷 15，頁 761。
〔註340〕《大越史記全書》，卷 15，頁 773。
〔註341〕《大越史記全書》，卷 15，頁 773；《越嶠書》，《四庫全書存目叢書》，史部，載記類，第 163 冊，卷 20，總頁史 163-293。
〔註342〕《越嶠書》，《四庫全書存目叢書》，史部，載記類，第 163 冊，卷 20，總頁史 163-293。

天中。春風浩蕩花同舞，化日昭回海共融；記得傳宣天語意，永期
中外太平同。〔註343〕

湛若水從與安南國王的對話中，看見安南國的風俗。所謂「春風浩蕩花同舞」，
不僅表明時令，亦指出此處地處南方，百花盛開的景象。接著說明朝皇恩普及，
澤被四方。而湛若水使用「莫言」（do not say）、「記得」（be remember）這樣
權力話語式的命令句，也就是法國學者米歇爾‧傅柯權力理論所謂的「權力生
產了話語，話語為權力帶來了合法性。」〔註344〕，可以看出湛若水對於身為
明朝天使的俯視角度，也呼應其於〈交南賦〉中所著眼的角色立場。

接著，襄翼帝餞別潘希曾。其詩云：

一自紅雲赭案前，使星光彩照南天；禮規義矩周旋際，和氣春風笑
語邊。恩詔普施新雨露，炎封永奠舊山川；情知遠大攄賢業，勉輔
皇家億萬年。〔註345〕

「紅雲」，語出《水經注‧丹水》，〔註346〕傳說中仙人所居之處，常有紅雲盤
繞其間。此處指大明帝都。安南國王黎暭言明朝派遣天使前來，皇恩普施，使
節光照南方，循著中華禮儀教化，接受明朝冊封，並希望可以輔佐明朝建立萬
年功業。

潘希曾則作〈次韻答安南國王兼辭其贐〉答曰：

皇家聲教古無前，此日春風動海天；龍節遠輝南斗外，烏星長拱北
辰邊。維垣義在思分土，納誨才疏愧濟川；臨別何須分重幣，贈言
深意憶他年。〔註347〕

言明朝與安南雖彼此劃分疆域，南方藩屬國如眾星拱月般圍繞著明朝。即便已
經分土開疆，彼此關係仍舊緊密，毋須重金籌贈。潘希曾辭謝安南國王餽贐，
贈人以言，重於金石珠玉。〔註348〕

〔註343〕《大越史記全書》，卷15，頁773。
〔註344〕Héctor Ceballos Garibay.1994.*Foucault y el poder*.México：Ediciones Coyoacan S.A.de C.V., p.50.
〔註345〕《大越史記全書》，卷15，頁773～774。
〔註346〕《水經注‧丹水》：「丹水南有丹崖山，山悉赬壁霞舉，若紅雲秀天，二岫更為殊觀矣。」《水經注疏》，卷20，頁1733。
〔註347〕《大越史記全書》，卷15，頁774；《竹澗集》，《文津閣四庫全書》，集部，別集類，第423冊，卷2，頁16～17，總頁1266-667～1266-668。
〔註348〕東周‧荀況撰，李滌生著：《荀子集釋》（臺北：臺灣學生書局，1979年），卷5，頁85。

潘希曾回國後，作〈求封疏〉向正德皇帝詳述卻賄情形：「當日國王遣頭目黎廣度等二十員齎書具賄禮，送正使金四十兩、銀六十兩；副使金三十五兩、銀五十兩，生金各二十兩，相金犀帶各一條，相銀香帶各一條，牙笏各二件，沉香各五斤，線香各五百枝，生絹各一十疋，牙梳各五副，竹扇各五十把，家人銀各五兩，生絹各一疋，臣等俱辭不受。」〔註349〕。另外，還作〈回至呂瑰再次王韻辭其賄〉，詩云：「久依香案玉皇前，手捧綸音下九天；不用橐金酬使越，須知封土在安邊。周爰歸去風生袖，長揖分離思滿川；從此相望無遠邇，謳歌同答太平年。」〔註350〕，一句「不用橐金酬使越」即以歌詠言明餽賄之意。因此，潘希曾作〈次韻答安南國王兼辭其賄〉應為潘希曾藉機表明辭賄心意，非張京華所稱「似讖非讖，無聊之極，筆力最弱。」〔註351〕。

襄翼帝又作餞別詩予湛若水云：

聖朝治化正文明，內相祇承使節行；盛禮雍容昭度數，至仁廣蕩煥恩榮。留時欲敘慇懃意，餞日難勝繾綣情；此後鑾坡承顧問，南邦民物囿昇平。〔註352〕

「鑾坡」，據《唐會要》載：「至（開元）二十六年，始以翰林供奉，改稱學士。由是別建學士院，俾掌內制。……至德（宗）以後，軍國務殷，其入直者，並以文詞，共掌詔勅。自此翰林院始有學士之名，其後又置東翰林院于金鑾殿之西，隨上所在，而選取其便穩。」〔註353〕唐代翰林院稱為學士院，德宗時移學士院於金鑾殿西之金鑾坡上，後世遂以「鑾坡」作為翰林院的別稱。此處安南國王黎暊所指「鑾坡」，應為湛若水任翰林編修一職。本詩安南國王黎暊另有〈餞湛內翰並引〉，其引說道：「春光駘蕩，天色晴明，序屬三陽，時當嘉會。恭遇聖天子臨御家邦，恩霑遐邇，渙頒鳳詔，特命內相湛大人持節來封。度數昭明，禮文詳備。方深愛助，遽見言還，繾綣之情，曷維其已。因寫一律以餞

〔註349〕《竹澗集》，《景印文淵閣四庫全書》，集部，別集類，第1266冊，卷1，頁8，總頁1266-759。

〔註350〕《竹澗集》，《文津閣四庫全書》，集部，別集類，第423冊，卷2，頁17，總頁1266-668。

〔註351〕張京華：〈作詩的使臣──湛若水與安南君臣的酬唱〉，《外國文學評論》第3期（2018年），頁9。

〔註352〕《大越史記全書》，卷15，頁774。

〔註353〕宋・王溥撰：《唐會要》（北京：中華書局，1955年），頁977～978。

之云。」〔註354〕詩句及小引句式入情入理，再以詩餞別並祝福湛若水。

湛若水則回以〈次韻留別安南國王以酬餞別之作〉：

> 富良江頭春日明，我歌君聽我將行；自天三錫元殊數，薄海諸邦孰
> 與榮。更謹職方酬聖德，每將人鑑察群情；臨岐不用重分付，萬里
> 明威道蕩平。〔註355〕

此處「臨歧不用重分付」，應與潘希曾〈次韻答安南國王兼辭其贐〉「臨別何須分重幣」一句互相對讀，顯現其卻贐之意。

此外，湛若水於回程時另有〈將發舟用韻辭安南國王所贈金幣諸賏〉詩：「海隅日出綵雲重，龍節迴時更御風；恭敬直須筐篚外，襟懷都見詠歌中。揮金一笑辭連子，執玉千年奠祝融；踏斷虹橋天際路，此生難此再相同。」〔註356〕，再次表明心志。羅洪先（1504～1564）為湛若水書之〈墓表〉也提及：「奉命冊封安南國王，正使，賜一品服以行，王以金餽，三卻之。」〔註357〕。又另作〈辭安南國贈物對〉，其中「我天子全御覆載」〔註358〕一句，即本詩「萬里明威道蕩平」之意。

本段單就安南國王黎暭作詩贈予潘希曾而言，安南國王既致謝明朝，又讚美明使節「禮規義矩」、「春風笑語」，而潘希曾和之以「兼辭其贐」，卻贐的行為顯得刻意為之。然而，當該首〈次韻答安南國王兼辭其贐〉詩與湛若水〈次韻留別安南國王以酬餞別之作〉對讀時，可以推知當時情境應為安南國王贈詩餞別，並贈物以表敬意，兩人推辭後，作和詩表明堅定的立場，既以詩會安南國王，又表達個人道德情操，兼以回朝後對正德皇帝有所交代，一舉數得。

承此想法，湛若水在〈交南賦〉中也強調不接受安南國王的饋贈：

> 炎均既予以排菲芷兮，又蕙蘭之旖旎；安南有香草曰排草。余辭以帝之
> 紉襟兮，有縣圃之芳藹。又重余以椒苓兮，曰余襟之難改。余受閬風

〔註354〕《越嶠書》，《四庫全書存目叢書》，史部，載記類，第163冊，卷20，總頁史163-294。

〔註355〕《越嶠書》，《四庫全書存目叢書》，史部，載記類，第163冊，卷20，總頁史163-279～163-280；《大越史記全書》，卷15，頁774。

〔註356〕《越嶠書》，《四庫全書存目叢書》，史部，載記類，第163冊，卷20，總頁史163-280。

〔註357〕明‧湛若水撰：《湛甘泉先生文集》，《四庫全書存目叢書》（臺南：莊嚴文化事業有限公司，1997年影印山西大學圖書館藏清康熙二十年黃楷刻本），集部，別集類，第57冊，卷32，頁3，總頁集57-243。

〔註358〕《泉翁大全集》，卷33，頁861～862。

之繽紛兮，兼月殿之菌桂。〔註359〕（一作又曰殿之菌桂）。〔註360〕
湛若水援引《楚辭·離騷》「紉秋蘭以為佩。」〔註361〕，「菲芷」、〔註362〕「蕙
蘭」、〔註363〕「椒苓」，以及「芳藹」、「菌桂」，均為高尚且貴重之物。再化用
《楚辭·離騷》「朝發軔於蒼梧兮，夕余至乎縣圃」，〔註364〕以及《水經注·
河水》〔註365〕，「縣圃」、「閬風」、「月殿」，均借指大明帝王，表達天朝使者
不接受安南國君的餽贈。

　　明使節出使安南，不獨湛若水等有卻餽行為。明初洪武二年（1369），羅
復仁（1308～1381）奉命出使安南，調解安南占城邊境事，《明史》：「安南奉
詔，遺復仁金、貝、土產甚厚，悉卻不受。帝聞而賢之。」〔註366〕已有先例。
之後洪武三年（1370）前往安南弔祭、冊封的王廉與林唐臣，「使安南將還，
賂以黃金、珠璣、奇異之物。唐臣拒弗受，其王強致之。既還，悉疏以獻于朝。」
〔註367〕洪武二十九年（1396），太祖遣行人陳誠、呂讓往諭安南。「誠、讓至
安南，諭其王陳日焜，令還思明地。議論往復，久而不決。以譯者言不達意，
復為書曉之。安南終辯論不已，出黃金二錠、白金四錠及沉檀等香以賄，誠卻
之。」〔註368〕羅復仁、王廉與林唐臣、陳誠與呂讓都有卻餽行為，但彼此「卻」
的時空背景不盡相同，羅復仁調解安南占城邊境的糾紛，安南以豐厚物產感激
之；王廉與林唐臣前往安南致祭，安南以賂謝之；陳誠、呂讓令還思明地，安

〔註359〕　《樵風》，《廣州大典》，第 56 輯，集部，別集類，第 4 冊，卷 2，頁 7，總頁
　　　　　768。
〔註360〕　《越嶠書》，《四庫全書存目叢書》，史部，載記類，第 163 冊，卷 17，頁 10，
　　　　　總頁 163-247。
〔註361〕　「紉秋蘭以為佩。」洪興祖註解：「紉，索也。蘭，香草也，秋而芳。佩，飾
　　　　　也，所以象德。故行清潔者佩芳，德仁明者佩玉，能解結者佩觿，能決疑者
　　　　　佩玦，故孔子無所不佩也。言己脩身清潔，乃取江離、辟芷，以為衣被；紉
　　　　　索秋蘭，以為佩飾；博采眾善，以自約束也。」《楚辭補注》，卷 1，頁 5。
〔註362〕　《楚辭·離騷》：「芳芷，芬香益暢，德行彌盛也。」《楚辭補注》，卷 1，頁
　　　　　11。
〔註363〕　「矯菌桂以紉蕙兮，索胡繩之纚纚。」《楚辭補注》，卷 1，頁 13。
〔註364〕　《楚辭補注》，卷 1，頁 26。
〔註365〕　《水經注·河水》：「崑崙墟在西北，三成為崑崙丘。《崑崙記》曰：崑崙之山
　　　　　三級，下曰樊桐，一名板桐；二曰玄圃，一名閬風；上曰層城，一名天庭，
　　　　　是謂太帝之居。」《水經注》，卷 1，頁 1-1。
〔註366〕　《明史》，卷 137，頁 3958。
〔註367〕　《明實錄》（明太祖實錄），卷 67，頁 1253。
〔註368〕　《明史》，卷 318，頁 8234～8235。

南以重禮賄之。

　　宣宗宣德六年（1431），宣宗命章敞偕同徐琦出使安南，命安南頭目黎利權國事。〔註369〕兩人還，「致厚賄，不受，利以付貢使。及關，悉閱貢物，封其賄，付關史。利死，子麟嗣，敞復奉詔往，卻賄如初。」〔註370〕章敞為此，前有〈正月初九日卜鄰枕上述懷〉言「星槎事業傳青史，銅柱威名著百蠻；獨有壯懷輕萬鎰，明時不負寸心丹。」〔註371〕，藉詩表達卻賄之意之外，也有思歸之意，並表達欲以出使安南一事名留青史，一如馬援銅柱事蹟一般。後又作〈出坡壘關謝饋送〉「炎風吹雨下南荒，朔雪飄寒上帝鄉；誰謂南交多寶物，使回只帶舊醫方。」〔註372〕，以明心志。英宗天順六年（1463），錢溥、王豫出使安南國，「安南國王黎灝饋溥金銀各四十兩、金銀廂帶各一條，饋豫金三十兩、銀四十兩，金銀廂帶各一條。溥等固辭不受，王命陪臣程磐順齎詣京，溥等猶未敢受。」〔註373〕，史籍載其拒不受饋賄。章敞為名留青史，卻安南賄禮；錢溥應是在當時時空背景下，未敢受賄。

　　襄翼帝又贈潘希曾餞別詩云：

　　　　乾坤清泰屬三春，使節光臨喜色新；炳煥十行頒漢詔，汪洋四海溢堯仁。胷中氷玉塵無點，筆下珠璣句有神；今日星軺回北闕，餞筵盃酒莫辭頻。〔註374〕

安南國王黎暉詩歌的句式工整，結語點出送天使歸國的主題。

　　潘希曾回以次韻詩說：

　　　　萬里觀風百越春，瘴煙消盡物華新；車書不異成周制，飛躍元同大造仁。稍似滄溟磷海蜃，永懷朱鳥奠炎神；畏天事大無窮意，纔入新詩寄語頻。〔註375〕

「朱鳥」，東漢王延壽（生卒年不詳）〈魯靈光殿賦并序〉有言：「朱鳥舒翼以峙衡，騰蛇蟉虯而遶榱。」唐人李善注曰：「春秋漢含孳曰：『太一之常居前朱

〔註369〕《明實錄》（明宣宗實錄），卷80，頁1848。
〔註370〕《明史》，卷158，頁4315。
〔註371〕《明永樂甲申會魁禮部左侍郎會稽賢菴章公詩集》，《四庫全書存目叢書》，集部，別集類，第30冊，總頁集30-306。
〔註372〕《明永樂甲申會魁禮部左侍郎會稽賢菴章公詩集》，《四庫全書存目叢書》，集部，別集類，第30冊，總頁集30-302。
〔註373〕《明實錄》（明英宗實錄），卷353，頁7071。
〔註374〕《大越史記全書》，卷15，頁774。
〔註375〕《大越史記全書》，卷15，頁774。

鳥。』〔註376〕」《太平御覽》引《河圖》曰：「南方赤帝，神名赤熛怒，精為朱鳥。」〔註377〕，指南方之神。潘希曾前半部述說安南風物，最後以囑託語「畏天事大無窮意」作結，不使用權利話語式的命令語氣，較為平易近人，再以「才入新詩寄語頻」一句作為道別。

安南方面，除了安南國王有贈詩作之外，安南朝臣亦有贈詩。如黎念大頭目有〈送湛內翰還朝〉：「綸音讀罷紫泥封，回首蓬萊第一峯。望外交關千里月，夢中帝闕五更鐘。星槎迢遞歸程遠，雲樹參差別思濃。南浦吟成憑寄語，滔滔江漢共朝宗。胷羅星斗虹千丈，念在君親日幾回。別後清規何處是，天心明月嶺頭梅。」〔註378〕表達其對大明皇朝的尊崇，以及對湛若水歸國的不捨情誼。

其他朝臣如譚慎簡寫道：「文雅風騷筆橐臣，皇葉盛選屬儒珍。……歸來若道觀風事，俗美民安政治淳。客程水水又山山，一任星軺萬里遠；今日送君憑寄語，焚香祝聖北南山。」〔註379〕前段先讚美湛若水乃明朝重要儒臣，後段一方面祝福明朝皇帝，另一方面也希望使臣回到明朝後，能夠美言幾句。阮澤民說：「歸來若問交南俗，戴白垂髫德化中。」〔註380〕表明希望使臣能替安南傳達受明教化之意。梁德明則說：「華國詞章譽蜑蜑，文星今作使星輝；胷中虹彩光千丈，筆下龍蛇燭九圍。……孝忠一念深圖報，萬里星軺早從歸」[102]表現了對湛若水文辭造詣的崇仰，又因使途遙遠，望其早歸。

相較於安南國君臣的盛情，湛若水的想法顯得清冷許多，呼應其〈早發不博驛次韻〉所說的「異俗難同調，詩情空自濃」。〔註381〕從湛若水〈又絕句〉二首之二可以直接看出他的想法：「土俗殊卑鄙，人情尚黠癡。不知夫子意，當日欲居夷。」〔註382〕。甫入安南境內時，湛若水見安南境內「飛鳥愁敧逕，

〔註376〕東漢‧王延壽〈魯靈光殿賦并序〉收錄於《文選》，卷11，頁514。

〔註377〕《太平御覽》，卷881，頁4046-1。

〔註378〕《越嶠書》，《四庫全書存目叢書》，史部，載記類，第163冊，卷20，總頁史163-298。

〔註379〕《越嶠書》，《四庫全書存目叢書》，史部，載記類，第163冊，卷20，總頁史163-298。

〔註380〕《越嶠書》，《四庫全書存目叢書》，史部，載記類，第163冊，卷20，總頁史163-298。

〔註381〕《泉翁大全集》，卷47，頁1195。

〔註382〕《越嶠書》，《四庫全書存目叢書》，史部，載記類，第163冊，卷20，總頁史163-281。

行雲無定蹤」，〔註383〕原有「自茲欲浮海，高步蓬萊峰。」〔註384〕，避居於安南的想法。然而，與安南人民接觸後，反倒認為安南捨棄做為明朝的一部分，是相當不智的，因為分土獨立反而使安南回到最初蒙昧的時代。湛若水前已耳聞安南政權之紊亂，又親眼目睹安南生活之鄙陋，對於明朝士大夫而言，安南寧願捨棄明朝優越文化，而回歸鄙陋的情緒非常複雜。這也表現出絕大部分明朝士大夫的安南情結（complex），〔註385〕也就是陳文源所說的：「古代中國士大夫對安南的情結，源於一個悠久的歷史記憶。安南內屬於中國有千年之久，那段歷史已經銘刻于古代中國士大夫的記憶中，且世代相傳。即使安南在某種形式上得以獨立，但士大夫們並沒有在意識上接受這一事實。」〔註386〕。

　　湛若水自認明朝是高度文化，並引以為傲，而安南卻捨棄如此文明而就低俗，引起他的失落感與排斥心理。所謂的失落感，來自於「文化失落」，而「文化失落」可能會發生在那些置身於異文化環境中的人身上。〔註387〕「行遊者的文化失落常常不是導致對異文化的迅速適應，而是對自身原有文化的頑強固守。這種文化固守的精神與心態的外在表現，最鮮明的就是對異文化的非難和貶斥。這種貶斥總是以本文化作為參照系，故而對異文化的貶斥一般也就是對本文化的頌揚，因而也是一種文化固守的表現。」〔註388〕，換言之，湛若水以天朝之姿貶損安南的行為，實則是一種文化固守的本能反應。

　　就湛若水與潘希曾及安南國王黎暉之間的詩歌唱和觀之，我們可以發現，幾首詩作均由黎暉展開起手式，湛若水與潘希曾在依黎暉所作分別和之，無論是押平聲東韻，韻腳為「風、中、融、同」，或是押平聲先韻，韻腳為「天、邊、川、年」，抑或押平聲庚韻，韻腳為「行、榮、情、平」，或者最後的唱和押平聲真韻，韻腳為「新、仁、神、頻」，每首和詩韻腳與原詩完全相同，且無論唱詩或和詩均押平聲韻，一韻到底，又句句入韻，已可視為所謂的「柏梁體」詩歌。〔註389〕由此可見，安南國華化之深遠，安南國王漢學修為之高深。

〔註383〕　《泉翁大全集》，卷47，頁1195。
〔註384〕　《泉翁大全集》，卷47，頁1195。
〔註385〕　《張氏心理學辭典》，頁135。
〔註386〕　陳文源：〈明朝士大夫的安南觀〉，《史林》第4期（2008年4月），頁115。
〔註387〕　《旅行：跨文化想像》，頁144。
〔註388〕　《旅行：跨文化想像》，頁145～146。
〔註389〕　王力著：《漢語詩律學》（北京：中華書局，2015年），頁389、390、395～397。

　　文化流動的現象，或有可能受到權力關係的影響。「跨國族之間的文化流動，會讓彼此的生活方式、風俗習慣、價值意識等產生交流；而這種交流，受到雙方的權力關係影響，權力較強的一方，較容易成為文化流動的輸出國，將伴隨著文化意識的媒體產品溢散到其他國家。」〔註390〕，明朝是當時權力較強的一方，是文化流動的輸出國，將文化意識的媒體產品——詩歌擴散到安南或其他朝貢國家。

　　再者，明與安南君臣間的酬唱，使用的是律詩，七言律詩首重嚴格的聲韻及對仗，宋人嚴羽《滄浪詩話》即明確指出：「律詩難於古詩。」〔註391〕郎瑛《七修類稿》則點明作律詩之法：「凡作律詩，起處要平直，承處要舂容，轉處要變化，結處要淵永。上下要相聯，首尾要相應，最忌俗字、俗意、俗語、俗韻，可謂至妙之言也。」〔註392〕作律詩除基本的起承轉合、上下首尾相連相應之外，需化用經典語，增加用字遣詞之內涵，還須合於韻調。安南君臣作律詩，雖使用相同的漢字，卻有不同的讀音，在表意體系及表音體系的運用難度上，較漢人更大。前面數首明使節與安南君臣的唱和詩，彼此兩兩相接，互為酬答唱和，推論應為當庭筆書之作，顯現安南君臣的漢學素養。

　　就明使節出使安南移動書寫而言，多重路徑的開展，季節、地形的不同，大大影響使臣內在心理感知。以當時的交通路況而言，出使安南顯得相對遙遠且艱難。路徑的冗長，造就使節心境上的苦悶與孤獨，無關乎沿途是否結伴而行，「孤、苦、寂」，成為使節間共同的默契話語。另一方面，行經橫州馬伏波祠，緬懷馬援南征交趾，薏苡清白，則是藉由對馬援的認同，形成使節間另一個共同的歷史話語，除了暗藏安南曾是屬地，而今卻是獨立國家的矛盾情結外，更深層的，是表達使節潛意識裡，塑造清白出使的形象。

　　《文心雕龍‧神思》有言：「意翻空而易奇，言徵實而難巧也。」〔註393〕湛若水的〈交南賦〉以騷體形式書寫，從行使路線旅程出發，懷想安南與明朝的歷史淵源、臣屬而獨立，又短暫屬明又獨立的歸屬變遷，安南山海陸人風物的奇怪特色，加之濃厚的神話傳說色彩，熔鑄成一幅既現實又神幻的行旅圖

〔註390〕張玉佩：〈導讀：文化流動的模式與另類想像〉，《中華傳播學刊》第 31 期（2017年 6 月），頁 7。

〔註391〕宋‧嚴羽撰，清‧胡鑑注，任世熙校：《校正滄浪詩話注》（新北：廣文書局，1990 年），頁 15。

〔註392〕《七修類稿》，卷 29，頁 439～440。

〔註393〕《文心雕龍譯注》，卷 26，頁 341。

冊。在明朝士大夫集體固守的記憶中，走出一條「親服所見」的真實道路，承繼了屈騷的「典範模習」，語言間真實的反應其固守的傳統安南觀。而無論安南君或頭目與使節間的對話，在在表現對大明天使的推崇尊敬之意，即使國土分疆，仍無法改變曾經受過中華禮樂教化的事實。

就「歷史記憶」角度觀之，安南長久以來都是中華疆域的一部分，五代至宋之後方脫離而獨立，儘管元朝一度想納入疆土，安南的極力反抗，使元朝仍無法達成南併的目標。明初對安南山川進行封祭、給予安南大統曆，某一種程度上將安南視為明朝領地，因而對大多數的明朝士大夫而言，安南既是一部分，又不是一部分，其複雜矛盾的心理，反應在湛若水的〈交南賦〉上。加之，土木堡之變後，多數明朝使節肩負重振大明宗主國地位的使命，對於冊封儀式無不一一放大檢視，因而錢溥對安南執行「禮」的要求，更加仔細嚴苛。而安南政權頻繁輪替的不穩定性，新國王或政權亟度需要明朝給予認可及肯定，必須從善如流地調整禮儀，以符應明朝的要求，並透過詩歌唱和拉近彼此「禮制車軌文字」相同的親密關係。

第六章　結論與展望

第一節　使節書寫的意義與特色

　　本論文以明朝土木堡之變後至萬曆年間（1450～1620）出使朝鮮、琉球、安南等東亞朝貢國家的使節文學為考察核心，透過出使路線、異域經驗與書寫，再現明使節如何在出使路程、異地觀看、凝視並從他者反視自我的過程。

一、移動書寫與空間感知

　　所謂的空間，可以是地理上實際占有的空間，也可能是抽象層次上文化的、思想的、心理的、時間的空間。〔註1〕一個地理空間可以是某種意象化的形式，而人們正是藉助於在一定程度上共通的意象，來「看到」這個空間或發展出對於這空間的感知。〔註2〕明土木堡之變後到萬曆年間，使節出使朝鮮、琉球、安南的地景書寫，雖各自出使不同國家，因地域上的相異，而有三種型式的觀看，然而，空間既有文化的、思想的、心理的、時間的空間，使節們更能藉助共通的意象，發展出對於這空間的感知（empfindung）。〔註3〕

　　「移動很少只是移動；它承載著意義的負擔」，〔註4〕從明初開始，鄭和

〔註1〕採用自〔日〕濱下武志、辛島昇〈「地域の世界史」の視点と方法〉，收錄於濱下武志、辛島昇編：《地域史とは何か》（東京：山川出版社，1997年），頁9。

〔註2〕鄭毓瑜：《文本風景：自我與空間的相互定義》（臺北：麥田出版社，2014年），頁18。

〔註3〕《榮格論心理類型 Psychologische Typen》，頁480。

〔註4〕《移動 Mobility》》，頁48。

船隊大量而頻繁地出使南洋，使得明人對於海洋的觀感並不遙遠而陌生。然而，因遭忌而受命奉派使琉球如陳侃者，〔註5〕其移動所承載的負擔，遠大於「出使」本身。所謂「安南、朝鮮固陸路可通矣，若占城及琉球則海邦也」，〔註6〕陳侃所造的船艦規模遠不及鄭和，加之前已有「又藏棺二副，前刻天朝使臣之柩，上釘銀牌若干兩。倘有風波之惡，知其不免，則請使臣仰臥其中，以鐵釘錮之，舟覆而任其漂泊也。庶人見之，取其銀物而棄其柩于山崖，俟後使者因便載歸。」〔註7〕的記載，且航海途中「亦危矣，……殊不知滄溟萬里，風波莫測」，〔註8〕非人力所能控制，「所恃者唯朝廷之威福與鬼神之陰騭焉耳」。〔註9〕這一路顯得坎坷又艱辛，所幸其《使琉球錄》引領後來的郭汝霖、蕭崇業、夏子陽等接續創作，為其移動帶來了意義，亦成為近代航海文學的先驅者。

而出使安南路途之遙遠亦不惶多讓，雖然沒有航海琉球的風險，水、陸路的顛簸多雨，足以讓使節苦極思歸，產生中途放棄的想法。所幸，「我朝封錫藩王之制，如安南、朝鮮則遣編修、給事中等官為使，占城、琉球則遣給事中、行人等官為使，各給以麒麟、白澤公侯伯駙馬之服，恩榮極矣，故感激圖報之下往往有人。」〔註10〕，在朝廷給予「榮寵」之餘，使節兩人結伴而行，彼此賦詩聯句，相依為命，沖淡了長途旅行的孤寂感。而在途中所見之地景書寫，「必須考量歷史脈絡下，文學生產的特殊關係。這讓我們能夠詮釋特定時期裡，具有獨特歷史牽連的有關某地的感覺結構」，〔註11〕使節但凡行走廣邑驛路，經過馬援伏波祠廟必歌詠一番，對於馬援的認同感，改變對於伏波祠廟一地的感覺結構，進而展現於書寫中，足見馬援的意象，帶來使節的歷史共感，牽動歷來使臣的神經。

使節出使朝鮮，行走的路徑大致相同，無論那一時期的使臣，均受其奉使任務及所處時代背景所影響，因而產生彼此相同路徑的普遍性，以及彼此各書

〔註5〕清·蔣學鏞撰：《鄞志稿》，《四明叢書》（中央研究院漢籍電子文獻資料庫影印張氏約園刊本），卷8，頁32-1～32-2。

〔註6〕《使琉球錄》，《紀錄彙編》，頁36-2。

〔註7〕《使琉球錄》，《紀錄彙編》，頁36-1。

〔註8〕《使琉球錄》，《紀錄彙編》，頁37-1。

〔註9〕《使琉球錄》，《紀錄彙編》，頁37-1。

〔註10〕《使琉球錄》，《紀錄彙編》，頁36-2。

〔註11〕〔英〕邁克·克朗（Mike Crang）著，王志弘、余佳玲、方淑惠等譯：《文化地理學 Cultural Geography》（臺北：巨流圖書股份有限公司，2008年），頁62。

心境的特殊性。當使臣離開京師到山海關這段路途，心緒上多圍繞著京城，表達不負皇命的心情。而來到山海關附近豐潤、玉田與還鄉河意象，大大加深了使臣思鄉的情結，作品中帶有思歸還鄉的色彩。

　　過了山海關進入遼東半島，或有延續思鄉情懷，或有吟誦邊防戍守狀況，亦有對山路崎嶇荒蕪的描寫。直到鴨綠江畔，已是明與朝鮮的邊境。這鴨綠江「不僅代表一般常用的『實質環境』地理意義，也指涉物質與社會實踐及其象徵再現的總合」，〔註12〕換言之，鴨綠江不只是實質環境的地景，更是在當時當下「與所謂的周圍的物質世界相接合」的權力地景，〔註13〕或表達皇恩浩大，使節孤獨的心情；或表達明朝皇恩澤遍，朝鮮歡舞熱烈歡迎的景象，鴨綠江既為明朝與朝鮮的疆界，也是權力話語的意義表徵。總體而言，集體式的情感方向大抵一致，形成不同時期的共同書寫。某些使節特定路段書寫的個殊性，與其他路段的書寫，又可在共通面上串接形成共同性。因而在渡過鴨綠江，則又重回皇恩教化的書寫。越是靠近目的地，距離完成奉使任務似乎又近了些。

二、親歷異域與觀看書寫

　　進入異域之後，人文觀察讓使節「從靜態穩定形式的社會，轉變到由複雜移動性構成的社會」，〔註14〕其迷人之處在於「文學文本（literary texts）中存在著書寫者與歷史世界所賦予的豐富而複雜的意義」。〔註15〕對於從前典籍所知的異國，與實際親歷其境的動態所感，大大翻轉使節的認知。

　　董越的〈朝鮮賦〉從沿途所見平壤、開城古都寫起，藉由孔廟、箕子祠追尋朝鮮華化的蹤跡，並暗自比較朝鮮人對箕子和檀君的態度。在迎詔儀式中，一再著墨於朝鮮「事大至誠」的表現，顯現其上國天使的優越。而在書寫朝鮮人情風物部分，一方面找尋朝鮮社會禮制上華化的痕跡，一方面藉由館伴使許琮提供的〈風俗帖〉補充朝鮮因「箕子流風遺韻」，成功化夷俗而為禮義之邦，並導正從

〔註12〕〔美〕雪倫‧朱津（Sharon Zukin），王志弘、王玥民、徐苔玲譯：《權力地景：從底特律到迪士尼世界 Landscapes of Power: From Detroit to Disney World》（新北：群學出版有限公司，2010年），頁19。

〔註13〕林宛瑄：〈理性眨眼的瞬間──《哈利波特》中流動的想像地景〉，《英美文學評論》第14期（2009年6月），頁154～155。

〔註14〕《移動 Mobility》》，頁13。

〔註15〕李嘉瑜：《元代上京紀行詩的空間書寫》（臺北：里仁書局，2014年），頁13。

前朝鮮「父子同川而浴，共室而寢。婦人淫奔，俗多遊女」的舊有認知。

對於明使節而言，琉球是一個未知而新奇的國度。蕭崇業的〈航海賦〉以時間為經，空間為緯，從建造冊封舟起筆，自福建開洋過海，到異國那霸登岸，行冊封禮、風物采集，至完成使命歸國，時空交織，層層推演，塑造琉球自然與人文地理景觀，以及「君不見漢官威儀驚野老，中國聲名外國慕」的上國形象。

明朝士大夫對於安南複雜的情結，以及其南國的地域性，讓湛若水的〈交南賦〉在使節的域外書寫上，走出一條不一樣的道路。安南曾經是中國的一部分，脫離獨立之後，明初降而復叛，出使安南為彰顯上國天使的優越感，除禮儀的要求外，還可在文章中自行塑造優越形象。因此，湛若水選擇以離騷的神話形式，將自我形象神格化來進行書寫，同時交織著其親身觀察（eyewritness observation）所見的經歷，讓〈交南賦〉在最後「回歸於常」的理性面。

在此之前，出使安南有較為完整記錄者，如林唐臣、張以寧、魯鐸及張弘至等，惟礙於詩歌作品篇幅限制，無大長篇敘事性的著作。湛若水的〈交南賦〉，恰恰彌補了前人的缺憾。即便朱國禎（一作國楨，1557～1632）《皇明大事記》曾言：「國朝使朝鮮者有詩及賡和甚多；使安南者，大臣如羅惟敬、詞臣如劉戢等，都未之聞。要見自鎮夷關外，崎嶇榛莽，雖有江山，荒蕪不治，且奉迎止於車馬，絕無文物威儀，已自淪於夷矣。」〔註16〕，貶低安南自淪為夷，使節不願謳歌書寫，仍不減湛若水與潘希曾等「歷萬里絕域」之後，「凡山川之迂險，風土之奇詭，與夫往來交際之始末，一覽可見」，「固不以夷而棄之」〔註17〕的價值。

三、使節詩賦的深層意義

就使節道德行為觀之，使節的卻金之舉取決於個人道德標準。廖肇亨先生在其〈知海則知聖人：明代琉球冊封使海洋書寫義蘊探詮〉一文曾提到：「明代冊封使卻金之舉雖是一場刻意的演出，但其動機一則以見使節自身道義節行之高，『贈／卻』之間恐怕已經各有定見。」〔註18〕，而其〈知海則知聖人：

〔註16〕 明・朱國楨：《皇明大事記》，《四庫禁燬書叢刊》（北京：北京出版社，2000年），史部，第29冊，卷15，頁268。

〔註17〕 《竹澗集》，《文津閣四庫全書》，集部，別集類，第423冊，卷6，頁21（1266-724）。

〔註18〕 廖肇亨：〈知海則知聖人：明代琉球冊封使海洋書寫義蘊探詮〉，《臺灣古典文學研究集刊》第2期（2009年12月），頁33。

明代琉球冊封使海洋書寫義蘊探詮〉一文，更進一步說：「『卻金』是明代使節涉足異國時的一種充滿道德意味的展演行為（performance）」，認為明朝琉球冊封使中有卻金紀錄的至少包括陳侃、郭汝霖、蕭崇業、謝杰、夏子陽等。實際上，出使朝鮮的使臣，至少有張寧、祁順、朱之蕃等人。〔註19〕明使節至安南，除湛若水與潘希曾有卻餽行為外，羅復仁、王廉與林唐臣、陳誠與呂讓、章敞、錢溥與王豫等，均有拒不受餽贐的先例。

　　出使朝鮮的明使臣，不獨董越等有「卻其餽」行為。於董越之前出使朝鮮的祁順，出使期間朝鮮提供聲伎錢財等，悉皆不取，受到朝鮮君臣的敬重，並為之築卻金亭。〔註20〕《朝鮮王朝實錄》更是如實紀錄雙方對話：

> 正使（祁順）曰：「今日見賢世子，知國王福慶之遠。」上曰：「《詩》云：『南山有臺，北山有萊，樂只君子，邦家之基。』今見兩大人，其喜庸有極乎？」正使亦誦其詩，且曰：「賢王之言，吾何以當之？聖天子在位，法度甚峻，朝臣小心畏慎，故賢王所遺人情物件，一不敢受。」上曰：「寡人區區之誠，大人皆卻之，在主人敬客之情，能無愧乎？」正使曰：「已領賢王盛意。」〔註21〕

之後，祁順離開朝鮮抵達鴨綠江之際，朝鮮成宗再命其臣李克墩、柳睟贈送祁順貂裘厚禮，祁順力辭不受，並請柳睟帶回兩封〈與國王書〉表達卻贐之意。一則表達：「凡餽儀贐禮，一一力辭，於盛意似有所不愜。噫！君子之交際，豈盡在物哉？贈行有贐，王之禮也，不貪為寶，僕之心也。主賓各盡其道而無愧焉，斯足矣。」〔註22〕，另一則說：「昔晏嬰一狐裘三十年，君子不以為陋，僕雖至愚，未嘗不賢哲是效，茲者衣一敝裘猶未及三年之久。其肯舍舊貪新以易吾心耶？況物有盡而情無窮，則所以感王之深者，又在情不在物也。用是再辭，幸無見咎。」〔註23〕，祁順向朝鮮成宗傳達自己重情輕物的心意。因而，當時擔任祁順遠接使的朝鮮陪臣徐居正評論道：「（祁戶部順）篤實有節行」。〔註24〕時隔十多年（成化十二年至成化二十三年），董越與王敞出使朝鮮，朝

〔註19〕廖肇亨：〈從「搜奇獵異」到「休明之化」——由朱之蕃看晚明中韓使節文化書寫的世界圖像〉，《漢學研究》第29卷第2期（2011年6月），頁55。

〔註20〕《明人傳記資料索引》，頁281。

〔註21〕《朝鮮王朝實錄》（成宗實錄），卷265，頁23-1。

〔註22〕《朝鮮王朝實錄》（成宗實錄），卷65，頁18-1。

〔註23〕《朝鮮王朝實錄》（成宗實錄），卷65，頁18-2。

〔註24〕〔朝鮮〕徐居正：《筆苑雜記》，收錄於鄺健行，陳永明，吳淑鈿選編：《韓國詩話中論中國詩資料選粹》（北京：中華書局，2002年），頁22～24。

鮮成宗仍循前例餽贐，董越一如祁順卻贐而不納。朝鮮成宗前有祁順卻贐的經驗，在董越卻贐之後，改而贈之以言，以示敬重。

除祁順與董越卻贐之外，嘉靖年間奉使朝鮮頒詔的龔用卿與吳希孟，亦因卻物而受朝鮮國人欽服。《朝鮮王朝實錄》更詳細記錄朝鮮陪臣與龔用卿等之間的對話：「（朝鮮陪臣向朝鮮中宗報告）臣今日更進言之曰：『殿下與天使相會，則有贈物，禮也。願大人勿却。』兩使曰：『一路所用所食，皆是殿下之賜也。何更受此物乎？』臣云：『此皆地方所產薄物。大人若拒而不受，則國王誠意，無由暴露。』天使曰：『果以禮贈之則可矣。然昨日殿下見俺等親贈，則俺等議之，可受則受之矣，遣承旨贈之，俺等受之不當，故不受矣。』〔註25〕」，龔用卿與吳希孟的廉潔自愛，受朝鮮人敬重。

而英宗正統年間奉命出使朝鮮的倪謙、金湜、祁順等，則進一步有卻樂、〔註26〕卻妓〔註27〕之舉，而後引發明朝與朝鮮之間「禮制與道德」的論戰。〔註28〕究其原因，明於太祖洪武二十七年（1394）「命朝賀罷女樂」、〔註29〕「自今朝賀，不用女樂」，〔註30〕僅中宮、命婦使用女樂。而朝鮮早自太祖起「設宴會張女樂，卿大夫皆從之」，〔註31〕「鄉風如是」，〔註32〕彼此對「女樂」的認知不同。事實上，朝鮮曾於世宗時期（明宣宗宣德五年～宣德六年，1430～1431、明英宗正統八年～正統十三年，1443～1448）掀起「用男樂取代女樂」的論辯，〔註33〕甚至嘗試會禮以舞童代替女樂，然「舞童旋習旋壯，實為難繼」。〔註34〕最後，朝鮮仍決議沿用女樂，引起之後明使臣倪謙，甚至陳

〔註25〕《朝鮮王朝實錄》（中宗實錄），卷84，頁11-2～12-1。

〔註26〕如倪謙〈安興席上卻樂〉、〈開城席上卻樂〉等詩作。見《皇華集》，《域外漢籍珍本文庫》，第五輯，集部，第13冊，頁33、36，總頁455、456。

〔註27〕如金湜〈安州館席上卻妓〉、祁順〈宴百祥樓却妓口號〉、〈却妓〉等詩作。見《皇華集》，《域外漢籍珍本文庫》，第五輯，集部，第13冊，頁19，總頁536、卷上，頁24、29，總頁584、586。

〔註28〕衣若芬：〈禮樂與女色：明代出使朝鮮文臣的「卻妓詩」及其影響〉，《域外漢籍研究集刊》，第六輯，頁91～113。

〔註29〕《明史》，卷1，頁15。

〔註30〕《明史》，卷61，頁1500。

〔註31〕《朝鮮王朝實錄》（太祖實錄），總書書，頁6-2。

〔註32〕《朝鮮王朝實錄》（太宗實錄），卷1，頁32-2。

〔註33〕《朝鮮王朝實錄》（世宗實錄），卷49、53、54、56、59、67、95、100，頁8-1～9-1、10-2、40-1、13-1、2-1、22-1、30-1、7-2～8-1。

〔註34〕《朝鮮王朝實錄》（世宗實錄），卷116，頁10-1。

鑑、金湜、張珹、王敞、祁順等的「卻樂」或「卻妓」之舉。

使節無論卻金、卻贐，乃至卻樂、卻妓，多於其文本集子中大書特書，期待名留青史，或受到朝貢國家的稱讚，甚至回國後上疏稟報明朝帝王，如章敞期待「星槎事業傳青史」〔註35〕、蕭崇業、謝杰「王子饋問贐餞，每每不失禮。而禮有過腆者，輒卻去不受。」〔註36〕、魯鐸「卻金珠之饋」深得安南人稱讚、〔註37〕潘希曾回國作〈求封疏〉向正德皇帝詳述在安南卻贐情形，〔註38〕以獲得精神或實質上的獎勵，確實是充滿道德意味的展演行為（performance）。

葉曄在其〈明人域外賦雙璧：董越《朝鮮賦》與湛若水《交南賦》〉一文比較兩篇賦作的差異時談到：「安南官員為防止明使臣對地理、風物的實勘而故弄玄虛，同樣也是事實，這使得湛氏很難收集到第一手資料，不得不廣徵先唐典籍，用自己的才情和學力，來彌補見聞上的一些缺憾。〈交南賦〉的地理文獻價值不如〈朝鮮賦〉，與此有莫大的關係。」〔註39〕與其說安南官員故弄玄虛，使得湛氏很難收集到第一手資料，不如說朝鮮陪臣刻意為之，使得董越〈朝鮮賦〉內容顯得鉅細靡遺，並直指朝鮮禮俗描述之細膩，得自於朝鮮「舘伴使、吏曹判書許琮〈風俗帖〉」〔註40〕。朝鮮官員的刻意為之，使讀者透過〈朝鮮賦〉了解朝鮮當地生活風俗的同時，董越的異域視野也為之受到遮蔽，因而產生「彼所見為汝所示」而非「眼所至即心之所見」的書寫狀況。

另一方面，湛若水〈交南賦〉雖然沒有安南官員提供的第一手資料，然其廣徵先唐典籍，將前人關於異域的記載，與現實異域知識的差距一一釐清，最後得出「百家九流，荒唐莫測。爰有典謨，聖人作式。厥民析因，鳥獸孳革，過此，則非吾之所識。」古聖賢人的真實記載，與現實生活中安南的自然萬物有所相印證，其餘超出此範圍的怪誕傳說，乃真實記憶與傳說的想像，則非其所見所知的範疇，總結歸納出「黠陋無足異者」的結論。其「眼見為憑，耳聽為虛」的「第一手資料」，顯然較董越得自〈風俗帖〉的〈朝鮮賦〉更具有實

〔註35〕《明永樂甲申會魁禮部左侍郎會稽賢菴章公詩集》，《四庫全書存目叢書》，集部，別集類，第 30 冊，總頁集 30-306。

〔註36〕《使琉球錄》，《續修四庫全書》，史部，地理類，第 742 冊，卷上，頁 557。

〔註37〕《國朝典故》，卷 35，頁 643。

〔註38〕《竹澗集》，《景印文淵閣四庫全書》，集部，別集類，第 1266 冊，卷 1，頁 8，總頁 1266-759。

〔註39〕葉曄：〈明人域外賦雙璧：董越《朝鮮賦》與湛若水《交南賦》〉，《文史知識》第 6 期（2009 年 6 月），頁 35。

〔註40〕《朝鮮賦》，頁 5。

證價值。

　　而〈朝鮮賦〉、〈交南賦〉均有自注，其作用在於「為後人解讀作品時，破除了語言與時空的障礙。」〔註41〕細細讀之，〈交南賦〉自注手法乃藉自注發抒內心的觀感，「大似本文拳曲未申，端賴補筆以宣達衷曲」〔註42〕，注中有話；而〈朝鮮賦〉則偏重於「鋪陳直敘」。再者，湛若水創作〈交南賦〉如同「靈運詩『語多生撰，非注莫解其詞，非疏莫通其義』（清吳淇《選詩定論》卷十四）這是他過分求新求奇造成的。」〔註43〕之特點，因此，深究其注文內容可知，〈交南賦〉與〈朝鮮賦〉內在層面上皆以不同形式趨近於謝靈運〈山居賦〉自注的精髓。

　　鄭毓瑜先生曾指出：「自〈離騷〉降至行旅賦的創作，是中國文學史中融會『氏族志』、『地理志』、『都邑志』、『方物志』的代表作品。尤其是以地理旅程出發，懷想土地之歷史人事、朝代變遷（氏族史）、乃至於親切古蹟遺址（都邑史）、山水風物（方物史），在古今、虛實之間熔鑄出一幅幅可見（標志現實地理）卻又不可見（超越現實地理）的行旅圖冊。因此行旅賦可以說是立基於「地理志」，但是並不全等於「地理志」的另一種『地理論述』。〔註44〕」。無論是董越的〈朝鮮賦〉、蕭崇業的〈航海賦〉，抑或湛若水的〈交南賦〉，都或多或少具備「氏族志」、「地理志」以及「都邑志」的賦體特色。

　　劉勰《文心雕龍》指出：「自宋玉景差，誇飾始盛。相如憑風，詭濫愈甚。故上林之館，奔星與宛虹入軒；從禽之盛，飛廉與鷦鷯俱獲。及揚雄〈甘泉〉，酌其餘波，語瑰奇則假珍於玉樹，言峻極則顛墜於鬼神。至〈東都〉之比目，〈西京〉之海若，驗理則理無不可驗，窮飾則飾猶未窮矣。又子云〈羽獵〉，鞭宓妃以饟屈原，張衡〈羽獵〉，困玄冥於朔野。變彼洛神，既非魑魅，惟此水師，亦非魑魅；而虛用濫形，不其疏乎？此欲誇其威而飾其事，義暌剌也。」〔註45〕，漢賦「誇其威而飾其事」的寫作方式，常被後人詬病為「虛詞濫說」，然無論董越〈朝鮮賦〉對朝鮮物產的描寫、蕭崇業〈航海賦〉對琉球的描寫，

〔註41〕　許恬怡：〈謝靈運〈山居賦〉自注原因析論〉，《淡江中文學報》第 16 期（2007年 6 月），頁 205～228。

〔註42〕　錢鍾書：《管錐編》（北京：中華書局，1978 年），第四冊，頁 1285～1287。

〔註43〕　顧紹柏：《謝靈運集校注》（上海：中州出版社，1987 年），頁 27～28。

〔註44〕　《性別與家國──漢晉辭賦的楚騷論述》（臺北：里仁書局，2000 年），頁 111～112。

〔註45〕　《文心雕龍譯注》，卷 37，頁 451。

或者湛若水〈交南賦〉對安南的描寫，皆變漢賦「虛詞濫說」而為「敷陳其實」，「信而有徵」，皆非鑿空也。

郭少棠有言：「到達一個地方，我們總是自覺或不自覺地用自己的文化習俗作參照系。便盡快地捕獲另一文化習俗的不同之處。用夏菲・列文斯坦（Harvey Levenstein）的話說，不可逃避地要用固有的『文化拐杖』處理自己所遭遇的文化間距。這個比較過程，其實就是一個對自己文化習俗認同過程。」〔註46〕就三個章節禮儀與習俗的描寫而論，冊封迎詔儀式即便都使用夷舞、夷樂作為儀仗鼓樂迎候，朝鮮、琉球、安南三國悉遵《大明會典》蕃國迎詔禮儀的規範，蕃國君臣以盛大場面躬迎詔敕，〔註47〕令天使備極尊榮，達成「以君命出」〔註48〕的奉使任務。

使節在朝鮮、琉球及安南等域外的書寫模式大致為：

資料來源：研究者自行整理。

〈朝鮮賦〉舉凡宮殿儀制、飲宴準備、車輿形式、禮儀等風尚、習慣皆「準於華」，甚至連明與朝鮮使臣彼此的唱和之作，均可見朝鮮朝臣熟稔於中國文學形式及相關典故，其文學及文化意義儼然遠遠超過原始的政治目的，無一不

〔註46〕《旅行：跨文化想像》，頁62。
〔註47〕「凡使者入蕃國境，先遣人馳報於王，王遣官遠接。詔前期，令有司於國門外公館設帷結綵，設龍亭於正中，設香案於龍亭之南，備金鼓、儀仗、鼓樂，伺候迎引。又於國城內街巷結綵。王宮內設闕庭於殿上正中，設香案於闕庭之前，設司香二人於香案之左右。……設蕃王拜位於中道，北向。……陳儀仗於殿庭之東西；設樂位於眾官拜位之南，北向。遠接官接見詔書，迎至館中，安詔於龍亭中，遣人馳報王。王即率國中眾官及耆儒僧道出迎於國門外。至館中，具冕服，眾官具朝服，行五拜禮訖，迎詔出館。至國門，金鼓在前，次僧道耆儒，次眾官，次王，次儀仗鼓樂，次《詔書》。龍亭。使者常服行於龍亭後，迎至殿中。……禮畢，引禮引蕃王退，引班引眾官以次退。蕃王及眾官釋服，使者以詔書付所司頒行。蕃王與使者分賓主行兩拜禮。使者居東，蕃王居西。如蕃國陪臣行禮，使者立受。」《大明會典》，卷58，頁1006-2～1008-1。
〔註48〕漢・劉向著，盧元駿註譯；中華文化復興運動推行委員會、國立編譯館中華叢書編審委員會主編：《說苑》（臺北：商務印書館，1988年），卷12，頁386。

是禮的體現。〈航海賦〉書琉球曆法奉明正朔，土地效井田舊制，宗教信仰、禮樂節慶無一不自明朝而來。即使是明朝士人最為詬病的安南，在湛若水的〈交南賦〉中，書寫安南文人士宦「招木客兮題詩」，「重侯佩玉兮進羞，儼禮神兮益卑」，「咨由余於戎方兮，訪有吳之季子」，一再表達安南士人對明使態度的恭敬有禮，謙卑地向明使請教，儘管安南「鄙夷甘異習」，也不減安南士人對明使的謙恭有禮。

　　總而言之，土木堡之變後至萬曆年間，明使節無論出使朝鮮、琉球抑或安南，大抵「將一些中國不可能直接統治的地域及人民約束在她四周，所得到的，除了外邦在儀式上的歸順，邊界的安全，以及部分經濟利益外，還有一些來自外邦的珍怪土產以及有關他們奇風異俗的知識」，「他們需要『異質化』的邊緣，來強調在此邊緣內人群間的共性。因此，來自域外的『珍怪土產』及異族的『奇風異俗』正是中國所需要的；中國人用它們來強化中國邊緣，以突顯邊緣之內人群間的同質性與一體性。」〔註49〕也因此，其書寫強調中華文化的優勢，環繞著「霸權文化」的思想，透過使節的域外書寫，中華文化的禮與俗也顯得無邊無界了。

第二節　使節書寫的影響

　　李新峰在其〈明前期赴朝鮮使臣叢考〉提到：「在土木之變後的緊急關頭，明朝選遣使臣的標準乃由才幹徹底轉變到文學，說明在明前期近百年的歷史進程中，兩國關係的基礎，已經由地緣政治利益和君王個人喜怒好惡，逐漸讓位於文化意義上的認同感」，〔註50〕明朝在土木堡之變後，朝廷選派出使人員漸由內官轉而為文臣，透過使節間的文學交流，促使朝貢國家對明朝產生認同。

　　美國學者撒母耳・亨廷頓認為，「認同是『由自我界定的』，但同時又不僅僅與自我相關，還與他人相關，是『自我與他人交往的產物』。〔註51〕」借用其理論來看此一時期的使節書寫，不難發現，使節皆不約而同地對於自我和朝貢國家間產生深淺不一的認同感。嚴從簡《殊域周諮錄》給予安南的評價說：

〔註49〕《華夏邊緣──歷史記憶與族群認同》，頁317～318。
〔註50〕李新峰：〈明前期赴朝鮮使臣叢考〉，收錄於朱誠如、王天有主編：《明清論叢》（北京：紫禁城出版社，2003年），第4輯，頁91～104。
〔註51〕〔美〕撒母耳・亨廷頓著，程克雄譯：《我們是誰？──美國國家特性面臨的挑戰》（北京：新華出版社，2005年），頁24。

「其三綱五常，及正心脩身，齊家治國之本，禮樂文章，一皆稍備」，「官制朝儀，禮樂教化，翕然可觀」，「且有刑律法度，禮樂朝儀，比諸夷國，甲乙可分」，即是對安南繼承明朝禮儀教化的認同。〔註52〕明使臣與安南及朝鮮之間的話語，呈現出文化流動後的成果，無論是安南君臣、頭目，或是朝鮮陪臣，在某種程度上亦表現出對中華文化的認同。朝鮮部分，著重在彼此文化共同點，就某種程度上而言，也是對中華文化認同的結果。而琉球則是以宗教信仰、禮教與習俗等另一種形式表達對中華文化的認同。

　　土木堡之變至萬曆年間使節書寫的蓬勃發展，就明朝自身而言，是異域視野的擴大。對朝鮮、琉球與安南而言，則產生不同程度的影響。在文學創作部分，明使與朝貢國家君臣間的唱酬之作有其所謂的「異體同構性」（homologies）」，無論哪一個創作方，其文本具有結構與功能上的同構性。因此，明使臣在安南也好，朝鮮也罷，異國君臣將饒富政治意味的「詩賦外交」，轉化而為一種獨特的文學活動，是對傳統「詩賦外交」的另一種創新性的繼承。另一方面，明與安南、明與朝鮮間我往你來的對話，通過記憶、重復、修正的過程後，向其他地區、其它文本產生的擴散性影響（intertexuality），明萬曆年間開始出現異國使節間如朝鮮對琉球、朝鮮與安南的對話，〔註53〕這種多重現象，既拓展了前朝文人詩歌酬唱的新高度，可說是創造出繼唐朝元白唱和及宋朝蘇黃唱和之後，另一波域外版的唱和高峰。

　　朝鮮、琉球及安南文化流動模式大致為：

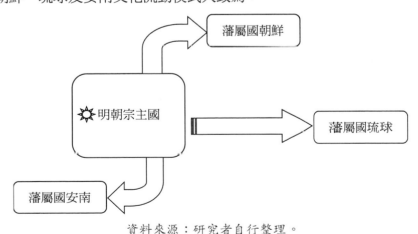

資料來源：研究者自行整理。

〔註52〕《殊域周咨錄》，卷6，頁339。
〔註53〕《朝天錄》，《燕行錄全集》，第5冊，卷10，頁127～181。

就個別國家文化層面而言，此一時期使節書寫促使朝鮮、琉球與安南將對中華文化的認同感表現於更多面向。朝鮮除開啟了前述文學唱和之外，一系列使明的《朝天錄》創作，讓「從他們的立場、視角和文獻，在歷史過程中反觀『中國』」〔註54〕變為可能。例如，萬曆二十六年（1598）出使明朝的李廷龜，在行經駐蹕山（今遼寧遼陽縣）時，賦詩四首肯定唐皇漢武的功績。〔註55〕朝鮮人進一步地以「小中華」〔註56〕自居，更甚者，在清朝時期自認是承繼明朝的中華文化正統。〔註57〕

在安南部分，萬曆二十五年（1597）四月，安南馮克寬出使明朝，〔註58〕為萬曆皇帝祝壽，與朝鮮、琉球使節筆談對話，並留下《使華手澤詩集》、《梅嶺使華手澤詩集》，以及《旅行吟集》等完整的出使作品，當時安南兵部尚書汪鈍夫稱其為「斗南第一人物乎」。〔註59〕其後，清初使臣黎光院有《華程偶筆錄》，陶公正作《北使詩集》，阮公沆作《星槎詩集》與吳時任作《皇華圖譜》及《燕台秋詠》等，〔註60〕使節創作逐漸增多。

琉球書寫部分，自陳侃《使琉球錄》首開使錄先例後，不僅郭汝霖、蕭崇業、夏子陽等接續紀錄，至清朝亦有如張學禮（生卒年不詳，約活動於康熙年間）《使琉球記》、〔註61〕周煌（1714～1785）《琉球國志略》，〔註62〕以及李鼎元（1750～1805）《使琉球記》〔註63〕等。而琉球方面，清朝時期「由於中國冊封使團的帶動，琉球官員文士吟作漢詩，盛極一時」。〔註64〕據文獻資料顯

〔註54〕 《歷史中國的內與外：有關「中國」與「周邊」概念的再澄清》，頁 xvii。

〔註55〕 〔朝鮮〕李廷龜：《戊戌朝天錄》，《燕行錄全編》（桂林：廣西師範大學出版社，2010年），第5冊，卷10，頁447。

〔註56〕 《毅庵集》，《影印標點韓國文集叢刊》，第338冊，卷51，頁540。

〔註57〕 《眷眷明朝：朝鮮士人的中國論述與文化心態（1600～1800）》，頁1-248。

〔註58〕 《明實錄》（明神宗實錄），卷316，頁5897。

〔註59〕 〔安南〕汪鈍夫：〈序〉，《梅嶺使華手澤詩集》，收錄於復旦大學文史研究院，漢喃研究院合編：《越南漢文燕行文獻集成》（上海：復旦大學出版社，2010年），第1冊，頁3。

〔註60〕 《越南漢文燕行文獻集成》，第1冊，卷1，頁57～256。

〔註61〕 清・張學禮撰：《使琉球記》，《龍威祕書》（中央研究院漢籍電子文獻資料庫影印清乾隆馬俊良輯刊本），頁1-1～20-2。

〔註62〕 《琉球國志略》，頁1-1～36-1。

〔註63〕 清・李鼎元著：《使琉球記》，《小方壺齋輿地叢鈔正編》（中央研究院漢籍電子文獻資料庫影印清光緒丁丑〔三〕年〔1877〕至丁酉〔二十三〕年〔1897〕上海著易堂排印本），頁168-1使琉球記1-1～170-1使琉球記3-1。

〔註64〕 黃裔：〈琉球漢詩：中國詩歌移植的碩果〉，《福建師範大學學報（哲學社會科

示，康熙四十四年（1705）刊行之《皇清詩選》，收錄琉球、朝鮮與安南諸國漢詩約80多首（琉球70首、朝鮮8首、安南4首）。〔註65〕足見使節書寫對當地文學創作的影響力。

第三節　未來展望

　　本文集中考察明朝土木堡之變後到萬曆年間使節至朝鮮、琉球與安南等東亞主要朝貢國家的書寫，以個別使節的著述為文本，尚有許多等待展開的論題，本文嘗試提供討論的可能。前人評論安南，多論及其為「聖人不居之地，賢者不遊之處」〔註66〕、「蠻煙瘴雨之域，以接鳥言獸面之人，計其殊形異態，紛然吾目自非有主於中，不為彼所侵亂者幾希。」〔註67〕、「竊觀安南之俗，夷獠雜居，不知禮義；獷悍喜鬥，不解耕種，惟髻剪髮，好浴善水。」〔註68〕，以及「安南，故我之封疆也，以國家之威德再續其祀，然時亦有狡心焉，故又次之。曰朝鮮，雖不入版圖，而其恭順為最。」〔註69〕等，安南在明朝士大夫心中固有的情結，由各式各樣的批判性用詞可以端倪，影響使節對安南書寫的接受。若能進一步考察其他朝代使節文集對安南的書寫與接受，或能暫時跳脫歷史記憶，見到安南書寫的另外面貌。

　　前人對明朝使節書寫的研究，多針對其個別的地域書寫（如出使朝鮮的《皇華集》）而展開。認為《皇華集》「盛讚明朝聲教遠播，皇恩澤遠，李朝事大以誠」〔註70〕，而朝鮮編輯《皇華集》的目的，亦是因為「我朝自開國以來，恪勤事大，朝聘以時。皇朝亦視同內服，凡有頒慶之事，詔使必以文學望重之士擇遣，與儐接之臣有酬唱詩」，〔註71〕對於雙方往來唱酬，評價很高。無論明

　　　　學版)》第 3 期（1995 年 7 月），頁 45。
〔註65〕黃裔：〈琉球漢詩：中國詩歌移植的碩果〉，《福建師範大學學報（哲學社會科學版)》第 3 期（1995 年 7 月），頁 46。
〔註66〕《殊域周咨錄》，卷 5，頁 171。
〔註67〕《巽峰集》，《四庫全書存目叢書》，集部，別集類，第 67 冊，卷 10，頁 238。
〔註68〕明・鄧球撰：《皇明泳化類編》，《北京圖書館古籍珍本叢刊》（北京：書目文獻社，1993 年影印明隆慶刻本），史部，政書類，第 50 冊，卷 128，頁 1307～1308。
〔註69〕明・茅元儀：《石民四十集》，《續修四庫全書》（上海：上海古籍出版社，2002年），集部，別集類，第 1387 冊，卷 46，頁 445。
〔註70〕《明代文臣出使朝鮮與《皇華集》》，頁 15。
〔註71〕〔朝鮮〕鄭泰齊撰：《菊堂排語》，收錄於張景昆、韓繼鎬主編：《韓國詩話全編校注》（北京：人民文學出版社，2012 年），第 3 冊，頁 130。

朝使節寫視角，或者朝鮮君臣唱和視角，均是「照實而論，著重文化意義的華夷之辨，實際上是文化認同的結果。『慕華』的積極意義不在於賓服朝貢，而在於取長補短，追趕先進」，〔註72〕顯得視角齊一，立場一致。

　　然而，明神宗萬曆二年（1574）出使明朝的朝鮮使臣許篈，在行經遼東駐蹕山時，為文評價唐太宗說道：「首山即唐太宗駐蹕山也，方太宗之得志也，鞭笞四夷，所向無前，氣盈意溢，自以為除凶雪恥，天下莫敢梗吾前。而乃以百萬之師，遺巡於一城之下，挫折而歸，為後世笑，何其餒也。復立文貞之碑，嗟其脫矣，故迹依然，使人有千載不平之意。」〔註73〕，其「使人有千載不平之意」是對唐太宗遠征高麗的嘲諷與譏笑，更可見朝鮮使臣自我意識的崛起，是《皇華集》外朝鮮使臣真實思想的顯現。若能進一步考察朝鮮《朝天錄》對明朝的真實書寫，或能跳脫既有視角，見到使節書寫的其他風貌。至於琉球，「明朝琉球漢詩至今不見一首，現存的都是清代琉球漢詩」，且「資料尚處於不斷鈎沉之中」〔註74〕，日後若有其他文獻問世，或能展現明朝時期琉球漢詩的獨特風采。

　　高明士先生在其〈從天下秩序看古代的中韓關係〉一文中指出：「天下秩序，理論上在周代的封建制已達於完備，實際的施行，除秦代不採用封建的父子結合原理之外，各時代仍隨著其國力的大小而時有調整。盛世時，如漢、唐、明、清等，這些要素與原理可獲得充分實現；衰世時……這些要素與原理只能實現一部分。但無論如何，充分體現這些要素與原理，可說是漢代以來各朝努力的目標。在傳統中國看來，天下秩序的原理實是一個同心圓，這個同心圓，孔子以為是由實施德教的華夏作核心而展開。」〔註75〕，土木堡之變後到萬曆年間使節書寫大致以儒家天下秩序的同心圓展開，倘能抽離同心圓視角，「呼應當今國際文學文化的潮流」，符應近來學界普遍認為「空間思維取代時間思維，單一主體的論述往往也為相互主體性（inter-subjectivity）或相互關係所取代」〔註76〕之觀點，回應葛兆光先生所謂，「我們很少明確而自覺地認識到，

〔註72〕葛振家：〈論明代中國人的朝鮮觀〉，北京大學韓國學研究中心編：《韓國學論文集》（北京：社會科學文獻出版社，1995 年），第四輯，頁 216。
〔註73〕《朝天記》，《燕行錄全集》，第 4 冊，卷 6，頁 133。
〔註74〕黃裔：〈琉球漢詩：中國詩歌移植的碩果〉，《福建師範大學學報（哲學社會科學版）》第 3 期（1995 年 7 月），頁 45。
〔註75〕高明士：〈從天下秩序看古代的中韓關係〉，收錄於中華民國韓國研究學會編：《中韓關係史論文集》（臺北：中華民國韓國研究學會印行，1983 年），頁 16。
〔註76〕廖肇亨：〈知海則知聖人：明代琉球冊封使海洋書寫義蘊探詮〉，《臺灣古典文學研究集刊》第 2 期（2009 年 12 月），頁 33。

作為『他者』，自己周邊的日本、朝鮮、越南、印度、蒙古與自己有什麼不同」，〔註77〕「我們是否也應該從他們的立場、視角和文獻，在歷史過程中反觀『中國』？」〔註78〕若能透過使節書寫，區辨彼此（中心與邊緣）觀看的差異性，從而達到「取異族之故書與吾國之舊籍互相補正」〔註79〕之作用，從而「改變中國歷史與文化研究中『自說自話』的習慣，提供重新認識東亞和中國的多重視角與立場」。〔註80〕本論文礙於篇幅，尚無機會以殊方觀點或以域外不同的文學體裁回看中國，若有探究的空間，將可讓使節書寫得以加深認識與建構。

〔註77〕葛兆光：〈預流、立場與方法——追尋文史研究的新視野〉，《復旦學報》第 2 期（2007 年 3 月），頁 4。

〔註78〕《歷史中國的內與外：有關「中國」與「周邊」概念的再澄清》，頁 xvii。

〔註79〕陳寅恪著，陳美延編：《金明館叢稿二編》（北京：生活‧讀書‧新知三聯書店，2001 年），頁 247。

〔註80〕《歷史中國的內與外：有關「中國」與「周邊」概念的再澄清》，頁 xvi。

引用書目

一、古代典籍（按經史子集四部排列）

（一）經部

1. 宋·葉夢得撰：《春秋考》，中央研究院漢籍電子文獻資料庫影印清乾隆敕刻武英殿聚珍本。
2. 南宋·朱熹撰：《點校四書章句集注》，北京：中華書局，1983 年。
3. 清·阮元審定，盧宣旬校：《重刊宋本十三經注疏附校勘記》，臺北：藝文印書館，1965 年影印清嘉慶二十年（1815）南昌府學刊本。
4. 高明註譯，中華文化復興運動推行委員會，國立編譯館中華叢書編審委員會主編：《大戴禮記》，臺北：臺灣商務印書館，1984 年。

（二）史部

1. 戰國·左丘明撰，三國吳·韋昭注，上海師範大學古籍整理組校點：《國語》，上海：上海古籍出版社，1978 年。
2. 西漢·劉向集錄：《戰國策》，上海：上海古籍出版社，1978 年。
3. 漢·司馬遷撰，劉宋·裴駰集解，唐·司馬貞索隱，唐·張守節正義：《史記》，北京：中華書局，1981 年影印金陵書局本。
4. 漢·班固撰，唐·顏師古注：《漢書》，北京：中華書局，1986 年影印王先謙漢書補注本。
5. 晉·陳壽撰，南朝宋·裴松之注：《三國志》，北京：中華書局，1980 年影印宋紹興本。

6. 南朝宋・范曄撰，唐・李賢等注，晉・司馬彪補志：《後漢書》，北京：中華書局，1981 年影印宋紹興本。

7. 南朝梁・蕭子顯撰，楊家駱主編：《南齊書》，北京：中華書局，1980 年影印宋大字本。

8. 南朝梁・沈約撰：《宋書》，北京：中華書局，1980 年影印宋元明三朝遞修本。

9. 北魏・酈道元撰：《水經注》，中央研究院漢籍電子文獻資料庫影印清乾隆敕刻武英殿聚珍本。

10. 北魏・酈道元著，楊守敬，熊會貞疏，段熙仲點校，陳橋驛復校：《水經注疏》，南京：江蘇古籍出版社，1989 年。

11. 北魏・酈道元著，陳橋驛著：《水經注校釋》，杭州：杭州大學出版社，1999 年。

12. 北齊・魏收撰，清・謝啟昆：《魏書》，北京：中華書局，1980 年影印宋大字本。

13. 南朝梁・宗懍：《荊楚歲時記》，北京：中華書局，1991 年。

14. 隋・姚察，隋・謝炅，唐・魏徵，唐・姚思廉合撰：《梁書》，北京：中華書局，1980 年影印宋大字本。

15. 隋・姚察，唐・魏徵，姚思廉合撰，楊家駱主編：《陳書》，北京：中華書局，1980 年影印宋蜀大字本。

16. 唐・魏徵等撰，楊家駱主編：《隋書》，北京：中華書局，1980 年影印宋刻遞修本。

17. 唐・李延壽撰，楊家駱主編：《北史》，北京：中華書局，1980 年影印元大德本。

18. 唐・令狐德棻等撰：《周書》，北京：中華書局，1980 年影印清武英殿本。

19. 唐・房玄齡等撰：《晉書》，北京：中華書局，1980 年影印金陵書局本。

20. 唐・李延壽撰，楊家駱主編：《南史》，北京：中華書局，1981 年影印元大德本。

21. 唐・杜佑著，王文錦等點校：《通典》，北京：中華書局，1988 年。

22. 唐・李林甫等撰，陳仲夫點校：《唐六典》，北京：中華書局，1992 年。

23. 後晉・劉昫撰：《舊唐書》，北京：中華書局，1981 年影印清懼盈齋刻本。

24. 宋・徐天麟撰：《西漢會要》，中央研究院漢籍電子文獻資料庫影印清乾

隆敕刻武英殿聚珍本。

25. 宋・王溥撰：《唐會要》，北京：中華書局，1955 年。

26. 宋・司馬光編著，元・胡三省音註，標點資治通鑑小組校點：《資治通鑑》，北平：古籍出版社，1956 年。

27. 宋・孟元老撰，鄧之誠注：《東京夢華錄注》，香港：商務印書館，1961 年。

28. 宋・宋綬，宋敏求編，司義祖校點：《宋大詔令集》，北京：中華書局，1962 年。

29. 宋・徐兢撰：《宣和奉使高麗圖經》，臺北：藝文書局，1966 年影印清乾隆鮑廷博校刊本。

30. 宋・歐陽修撰，宋・徐無黨注：《新五代史》，北京：中華書局，1980 年影印南宋慶元本。

31. 宋・薛居正等撰：《舊五代史》，北京：中華書局，1981 年影印南昌熊氏曾影庫本。

32. 宋・歐陽修，宋祁撰，楊家駱主編：《新唐書》，北京：中華書局，1981 年影印北宋嘉祐十四行本。

33. 宋・〔高麗〕金富軾：《三國史記》，漢城：保景文化社，1991 年。

34. 南宋・沈作賓修，南宋・施宿等纂：《嘉泰會稽志》，《宋元方志叢刊》，北京：中華書局，1990 年。

35. 宋・〔高麗〕一然：《三國遺事》，漢城：瑞文文化社，1996 年。

36. 南宋・趙汝适著，楊博文校釋：《諸蕃志校釋》，北京：中華書局，1996 年。

37. 元・脫脫等撰：《金史》，北京：中華書局，1980 年影印元至正刊本。

38. 元・脫脫等撰：《宋史》，北京：中華書局，1980 年影印元至正本配補明成化本。

39. 元・脫脫等撰：《遼史》，北京：中華書局，1980 年影印元末明初翻刻本殘本。

40. 元・熊夢祥著：《析津志輯佚》，北京：北京古籍出版社，1983 年。

41. 元・周達觀原著，夏鼐校注：《真臘風土記校注》，北京：中華書局，2000 年。

42. 元・〔越〕黎崱：《安南志略》，合肥：黃山書社，2009 年收入中國基本古籍庫。

43. 明·宋濂等撰：《元史》，北京：中華書局，1981 年影印洪武九十九卷本和南監本。

44. 明·明太祖：《皇明祖訓》，北京：北京圖書出版社，2002 年影印明洪武禮部刻本。

45. 明·徐一夔奉敕撰：《大明集禮》，中央研究院漢籍電子文獻資料庫影印明嘉靖九年（1530）刊本。

46. 明·應檟編輯：《蒼梧軍門志》，中央研究院漢籍電子文獻資料庫影印明嘉靖三十二〔癸丑〕年（1553）刊本。

47. 明·鄧球撰：《皇明泳化類編》，《北京圖書館古籍珍本叢刊》，北京：書目文獻社，1993 年影印明隆慶刻本，史部，政書類，第 50 冊。

48. 明·申時行等修，明·趙用賢等纂：《大明會典》，中央研究院傅斯年圖書館館藏明萬曆十五年（1587）大黑口刊本。

49. 明·馬歡撰：《瀛涯勝覽》，中央研究院漢籍電子文獻資料庫影印明萬曆沈節甫輯陽羨陳于廷刊本。

50. 明·葉向高著，明·陳繼儒、高承埏校：《四夷考》，《寶顏堂秘笈續集》，中央研究院漢籍電子文獻資料庫影印明萬曆繡水沈氏尚白齋刻本。

51. 明·孔貞運編：《皇明詔制》，美國哈佛大學燕京圖書館中文善本古籍數位電子文獻資料庫 Harvard-Yenching Library Chinese rare book Digitization Project 影印明崇禎間（1628～1644）刊本。

52. 明·吳之鯨撰：《武林梵志》，中央研究院漢籍電子文獻資料庫影印清乾隆四十五年欽定文淵閣四庫全書抄本。

53. 明·黃洪憲撰：《朝鮮國紀》，中央研究院漢籍電子文獻資料庫影印清曹溶輯陶越增訂六安晁氏排印本。

54. 明·沈德符著：《萬曆野獲編》，北京：中華書局，1959 年。

55. 明·〔朝鮮〕金宗瑞著，〔日〕末松保和編：《高麗史節要》，東京都：學習院東洋文化研究所，1960 年據蓬石文庫本刊印。

56. 明·李東陽等奉敕撰，申時行等奉敕重修：《大明會典》，臺北：國風出版社，1963 年。

57. 明·李賢奉勅脩，明·萬安等纂，〔日〕長澤規矩也、山根幸夫編著：《和刻本大明一統志》，東京：汲古書院，1978 年影印京師二條通書林弘章堂山本長兵衛刊中御門天皇正德三癸巳（1713 年）仲春版。

58. 明‧王圻撰：《明萬曆續文獻通考》，新北：文海出版社，1979 年。

59. 明‧王士性著，呂景琳校：《廣志繹》，北京：中華書局，1981 年。

60. 明‧林堯俞等纂修，明‧俞汝楫等編撰：《禮部志稿》，《景印文淵閣四庫全書》，臺北：臺灣商務印書館，1983 年，史部，第 597 冊。

61. 明‧費信撰：《星槎勝覽》，《筆記小說大觀六編》，臺北：新興書局，1989 年。

62. 明‧李東陽等纂，〔日〕山根幸夫解題：《正德大明会典》，東京都：汲古書院，1989 年影印東京大學附屬圖書館藏刊本。

63. 明‧焦竑編：《國朝獻徵錄》，臺北：明文書局，1991 年。

64. 明‧黃汴著，楊正泰校注：《天下水陸路程》，山西：山西人民出版社，1992 年。

65. 明‧鄧士龍輯，許大齡、王天有主點校：《國朝典故》，北京：北京大學出版社，1993 年。

66. 明‧倪謙：《朝鮮紀事》，《四庫全書存目叢書》，臺南：莊嚴文化事業股份有限公司，1996 年影印陝西省圖書館藏明鈔國朝典故本，史部，雜史類，第 46 冊。

67. 明‧李文鳳：《越嶠書》，《四庫全書存目叢書》，臺南：莊嚴文化事業有限公司，1997 年影印北京大學圖書館藏明藍格鈔本，史部，載記類，第 162、163 冊。

68. 明‧陳侃撰：《使琉球錄》，《續修四庫全書》，上海：上海古籍出版社，1999 年影印民國二十六年商務印書館國立北平圖書館善本叢書第一集影印明嘉靖刻本，史部，地理類，第 742 冊。

69. 明‧蕭崇業、謝杰撰：《使琉球錄》，《續修四庫全書》，上海：上海古籍出版社，1999 年影印上海社會科學院圖書館藏臺灣學生書局明代史籍彙刊影印明萬曆刻本，史部，地理類，第 742 冊。

70. 明‧夏子陽、王士禎撰：《使琉球錄》，《續修四庫全書》，上海：上海古籍出版社，1999 年影印上海社會科學院圖書館藏臺灣學生書局明代史籍彙刊影印抄本，史部，地理類，第 742 冊。

71. 明‧謝杰：《琉球錄撮要補遺》，收錄於黃潤華、薛英編：《國家圖書館藏琉球資料彙編》，北京：北京圖書館出版社，2000 年，上冊。

72. 明‧嚴從簡撰，余思黎點校：《殊域周咨錄》，北京：中華書局，2000 年。

73. 明・朱國楨：《皇明大事記》，《四庫禁燬書叢刊》，北京：北京出版社，2000 年，史部，第 29 冊。

74. 明・郭汝霖：《重編使琉球錄》，收錄於殷夢霞、賈貴榮主編：《國家圖書館藏琉球資料續編》，北京：北京圖書館，2002 年。

75. 明・羅曰褧撰：《咸賓錄》，合肥：黃山書社，2009 年。

76. 明・董越撰：《朝鮮賦》，《文瀾閣欽定四庫全書》，杭州：杭州出版社，2015 年，史部，第 602 冊。

77. 清・朱秀纂，謝鍾齡修：《橫州志》，美國哈佛大學燕京圖書館中國地方志數位電子文獻資料庫 *Harvard-Yenching Library Chinese Local Gazetteers Digitization Project* 影印清乾隆 11 年（1746）重刊本。

78. 清・周煌撰：《琉球國志略》，中央研究院漢籍電子文獻資料庫影印清乾隆敕刻武英殿聚珍本。

79. 清・徐延旭著：《中越交界各隘卡略》，《小方壺齋輿地叢鈔正編》，中央研究院漢籍電子文獻資料庫影印清光緒丁丑（三)年（1877）至丁酉（二十三)年（1897）上海著易堂排印本。

80. 清・盛慶紱著：《越南地輿圖說》，《小方壺齋輿地叢鈔正編》，臺北：廣文書局，1962 年影印清光緒丁丑（三）年（1877）至丁酉（二十三）年（1897）上海著易堂排印本，第十帙。

81. 清・何炳著：《輿覽》，《小方壺齋輿地叢鈔正編》，中央研究院漢籍電子文獻資料庫影印清光緒丁丑（三）年（1877）至丁酉（二十三)年（1897）上海著易堂排印本。

82. 清・龔柴著：《越南考略》，《小方壺齋輿地叢鈔正編》，中央研究院漢籍電子文獻資料庫影印清光緒丁丑（三）年（1877）至丁酉（二十三)年（1897）上海著易堂排印本。

83. 清・闕名著：《驛站路程》，《小方壺齋輿地叢鈔正編》，中央研究院漢籍電子文獻資料庫影印清光緒丁丑(三)年（1877）至丁酉（二十三)年（1897）上海著易堂排印本。

84. 清・闕名著：《畿東河渠通論》，《小方壺齋輿地叢鈔正編》，中央研究院漢籍電子文獻資料庫影印清光緒丁丑（三）年（1877）至丁酉（二十三）年（1897）上海著易堂排印本。

85. 清・馬冠羣著：《奉天地略》，《小方壺齋輿地叢鈔再補編》，中央研究院漢

籍電子文獻資料庫影印清光緒丁丑（三）年（1877）至丁酉（二十三）年（1897）上海著易堂排印本。

86. 清‧龍文彬纂：《明會要例略》，東海大學圖書館藏雕龍中日古籍全文資料庫影印清光緒十三年永懷堂刻本。

87. 慳磏山館編輯：《湖南疆域驛傳總纂》，美國哈佛大學燕京圖書館數位電子文獻資料庫 Harvard-Yenching Library Digitization Project 影印清光緒 14 年（1888）重刊本。

88. 清‧蔣學鏞撰：《鄞志稿》，《四明叢書》，中央研究院漢籍電子文獻資料庫影印張氏約園刊本。

89. 清‧永瑢等編撰：《四庫全書總目提要》，上海：商務印書館，1933 年。

90. 清‧谷應泰撰：《明史紀事本末》，臺北：三民書局，1956 年。

91. 中央研究院歷史語言研究所：《明實錄》，臺北：中研院史研所，1962 年影印國立北平圖書館紅格鈔本微縮本。

92. 清‧丁謙撰：《明史外國傳地理考證》，臺北：藝文出版社，1972 年。

93. 清‧徐葆光：《中山傳信錄》，《臺灣文獻叢刊》，第 306 種，臺北：臺灣大通書局，1972 年。

94. 清‧汪中著：《中山傳信錄》，《臺灣文獻史料叢刊》，臺北：大通書局，1974 年，第九輯。

95. 清‧尤侗：《明史外國傳》，臺北：學生書局，1977 年。

96. 國立中央圖書館原編，王德毅增訂：《明人傳記資料索引》，臺北：中央研究院歷史語言研究所、國立中央圖書館，1978 年。

97. 王德毅、李榮村、潘柏澄等編：《元人傳記資料索引》，臺北：新文豐出版社，1979～1982 年。

98. 清‧張廷玉等撰：《明史》，北京：中華書局，1980 年影印清武英殿底本。

99. 清‧高宗敕撰：《清朝通典》，臺北：臺灣商務印書館，1987 年。

100. 清‧顧祖禹輯著：《讀史方輿紀要》，《續修四庫全書》，上海：上海古籍出版社，1997 年影印上海圖書館藏稿本。

101. 清‧蔡鐸著，原田禹雄譯注：《蔡鐸本中山世譜》，沖繩：榕樹書林，1998 年。

102. 清‧鄭秉哲等原編，球陽研究會編：《球陽》，東京：角川学芸出版，2011 年。

103. 清‧王韜撰：《琉球朝貢考》，《傳世漢文琉球文獻輯稿》，廈門：鷺江出版社，2012 年影印清光緒十七年（1891）上海著易堂鉛印本，第 30 冊。

104. 清‧蔡鐸撰，高津孝、陳捷主編：《中山世譜》，《琉球王國漢文文獻集成》，上海：復旦大學出版社，2013 年影印沖繩縣立博物館美術館藏寫本，第 3 冊。

105. 印鸞章，李介人修訂：《明鑒》，北京：中國書店，1985 年。

106. 崔塗、李士彬、吳耀斗、楊宗時、吳慶燾等著：《同治襄陽縣志》，《湖北府縣志輯》，南京：江蘇古籍出版社，2001 年。

107. 昌彼得，王德毅，程元敏，侯俊德等編：《宋人傳記資料索引》，臺北：鼎文書局，2001 年。

108. 〔越〕黃高啟（Hoàng Cao Khải）著：《越史要》，Z-Library. The world's largest ebook library 資料庫影印影印 1914 年刊本。

109. 〔日〕小田省吾著，朝鮮史學會編輯：《朝鮮史大系》，京城府：朝鮮史學會，1928 年（昭和 3 年）。

110. 〔越〕潘清簡等纂：《欽定越史通鑑綱目》，臺北：國立中央圖書館印行，1969 年。

111. 〔琉球〕尚敬（命纂）：《琉球國由來記》，收錄於〔日〕伊波普猷、東恩納寬惇、橫山重編：《琉球史料叢書》，東京：東京美術，1972 年，第 1 冊。

112. 〔越〕吳士連、范公著、黎僖等編修，孫曉主編：《大越史記全書》，重慶：西南師範大學，2015 年影印法國巴黎亞洲學會藏正和十八年（1697）內閣官本。

（三）子部

1. 東周‧荀況撰，李滌生著：《荀子集釋》，臺北：臺灣學生書局，1979 年。

2. 戰國‧呂不韋著，陳奇猷校注：《呂氏春秋》，上海：上海古籍出版社，2002 年。

3. 漢‧應劭撰：《風俗通義》，臺北：臺灣中華書局，1981 年。

4. 漢‧劉歆著：《西京雜記》，收入清‧王謨輯《增訂漢魏叢書》，臺北：大化書局，1983 年影印清乾隆五十六年金溪王氏刻八十六種。

5. 漢‧劉向著，盧元駿註譯；中華文化復興運動推行委員會，國立編譯館中華叢書編審委員會主編：《說苑》，臺北：商務印書館，1988 年。

6. 漢‧劉安著，劉文典撰：《淮南子》，北京：中華書局，1989 年。

7. 晉‧陶潛：《搜神後記》，日本東京大學東洋文化研究所藏漢籍善本全文影像資料庫影印舊小說，甲集，第二冊。

8. 晉‧王嘉撰，梁‧蕭綺錄，明‧吳琯校：《拾遺記》，中央研究院漢籍電子文獻資料庫影印明吳琯校刊逸史本。

9. 後魏‧賈思勰原著，繆啟愉校釋，繆桂龍參校：《齊民要術校釋》，《中國農書叢刊》，北京：農業出版社，1982 年，綜合之部。

10. 唐‧歐陽詢撰，汪紹楹校：《藝文類聚》，上海：上海古籍出版社，1999 年。

11. 北宋‧沈括著：《夢溪筆談校證》，北京：中華書局，1959 年。

12. 北宋‧李昉等編：《太平廣記》，北京：中華書局，1961 年。

13. 北宋‧李昉等奉敕編：《太平御覽》，臺北：臺灣商務印書館，1975 年。

14. 北宋‧邵伯溫撰；李劍雄，劉德權點校：《邵氏聞見錄》，北京：中華書局，1983 年。

15. 北宋‧王欽若等編：《冊府元龜》，北京：中華書局，1994 年。

16. 宋‧費袞撰：《梁溪漫志》，中央研究院漢籍電子文獻資料庫影印清乾隆鮑廷博校刊本。

17. 南宋‧趙琪著，明‧陸楫輯：《古今說海》，中央研究院漢籍電子文獻資料庫影印 1821 年清道光酉山堂重刊陸氏儼山書院本。

18. 南宋‧王明清撰：《揮麈錄》，北京：中華書局，1961 年。

19. 南宋‧黎靖德編，王星賢點校：《朱子語類》，北京：中華書局，1986 年。

20. 元‧陶宗儀編纂：《說郛》，臺北：成文書局，1975 年影印上海涵芬樓排印本。

21. 明‧郎瑛著：《七修類稿》，北京：中華書局，1959 年。

22. 明‧李時珍著：《本草綱目》，北京：人民衛生出版社，1975 年。

23. 明‧葉盛撰，魏中平校點：《水東日記》，北京：中華書局，1980 年。

24. 明‧王圻，王思義編輯：《三才圖會》，上海：上海古籍出版社，1985 年。

25. 清‧張伯行訂：《二程語錄》，《正誼堂全書》，中央研究院漢籍電子文獻資料庫影印清康熙張伯行編同治左宗棠增刊本。

26. 清‧孫詒讓著，孫以楷點校：《墨子閒詁》，臺北：華正書局，1987 年。

27. 清‧王先謙撰：《莊子集解》，《新編諸子集成》，北京：中華書局，1987

年，第一輯。

28. 清・郭慶藩撰，王孝魚點校：《莊子集釋》，《新編諸子集成》，北京：中華書局，1995 年，第一輯。

（四）集部

1. 南朝梁・蕭統編，唐・李善注：《文選》，上海：上海古籍出版社，1986 年。

2. 南朝梁・劉勰著，周振甫譯注：《文心雕龍譯注》，臺北：里仁書局，1994 年。

3. 唐・王維撰，清・趙殿成箋注：《王右丞集箋注》，臺北：河洛圖書出版社，1975 年。

4. 唐・王維撰，陳鐵民校注：《王維集校注》，北京：中華書局，1997 年。

5. 唐・李白著，清・汪琦注：《李太白全集》，北京：中華書局，1999 年。

6. 唐・杜甫著，清・仇兆鰲注：《杜詩詳注》，北京：中華書局，1999 年。

7. 唐・白居易著，顧學頡校點：《白居易集》，北京：中華書局，1999 年。

8. 宋・強至撰：《祠部集》，中央研究院漢籍電子文獻資料庫影印清乾隆敕刻武英殿聚珍本。

9. 宋・汪應辰撰：《文定集》，中央研究院漢籍電子文獻資料庫影印清乾隆敕刻武英殿聚珍本。

10. 宋・劉攽撰：《彭城集》，中央研究院漢籍電子文獻資料庫影印清乾隆敕刻武英殿聚珍本。

11. 宋・樓鑰撰：《攻媿集》，中央研究院漢籍電子文獻資料庫影印清乾隆敕刻武英殿聚珍本。

12. 宋・朱肱撰：《北山酒經》，《知不足齋叢書》，中央研究院漢籍電子文獻資料庫影印清乾隆鮑廷博校刊本。

13. 宋・蘇軾撰，宋・郎曄注：《經進東坡文集事略》，《四部叢刊初編》，上海：上海商務印書館，1965 年影印上海商務印書館縮印烏程張氏南海潘氏合藏宋刊本，集部，第 205 冊。

14. 宋・李昉等奉勒編，宋・彭叔夏辨證，清・勞格拾遺：《文苑英華》，北京：中華書局，1966 年。

15. 宋・洪興祖撰，白化文等點校：《楚辭補注》，北京：中華書局，1983 年。

16. 宋・嚴羽撰，清・胡鑑注，任世熙校：《校正滄浪詩話注》，新北：廣文書

局，1990 年。

17. 宋‧朱熹撰，陳俊民校編：《朱子文集》，臺北：德富文教基金會出版，
2000 年。

18. 元‧蘇天爵輯撰：《元朝名臣事略》，中央研究院漢籍電子文獻資料庫影
印清乾隆敕刻武英殿聚珍本。

19. 元‧賈銘撰：《飲食須知》，《學海類編》，中央研究院漢籍電子文獻資料庫
影印清曹溶輯陶越增訂六安晁氏排印本。

20. 元‧陳孚撰：《陳剛中詩集》，《四庫全書珍本》，臺北：臺灣商務印書館，
1978 年，集部，別集類，第 404 冊。

21. 元‧傅若金撰：《傅與礪詩集》，《景印文淵閣四庫全書》，臺北：臺灣商務
印書館，1983 年據國立故宮博物院藏本影印，集部，別集類，第 1213 冊。

22. 元‧元好問著，姚奠中主編：《元好問全集》，太原：山西人民出版社，
1990 年。

23. 元‧顧瑛作，明‧袁華編：《玉山紀遊》，《欽定四庫全書》，東海大學圖書
館藏雕龍中日古籍全文資料庫影印浙江汪啟淑家藏本。

24. 明‧蕭崇業撰：《使琉球錄》，國家圖書館古籍與特藏文獻資料庫影印明
萬曆間（1573～1620）原刊本。

25. 明‧謝杰撰：《梂荂北牎喳萆》，國家圖書館古籍與特藏文獻資料庫影印
明萬曆間（1573～1620）刊本。

26. 明‧陳侃撰：《使琉球錄》，《紀錄彙編》，中央研究院漢籍電子文獻資料庫
影印明萬曆沈節甫輯陽羨陳于廷刊本。

27. 明‧董越撰：《朝鮮賦》，國家圖書館古籍與特藏文獻資料庫影印明藍格
鈔本。

28. 明‧張弘至：《萬里志》，《張東海文集》，中央研究院傅斯年圖書館館藏史
語所數位典藏資料庫影印清康熙間（1662～1722）張氏重刊本，第 9、10
冊。

29. 明‧董越撰，明‧王政、〔日〕宇都宮圭齋點拼音：《朝鮮賦》，日本早稻
田大學圖書館 *Waseda University Library* 古典籍総合データベース影印日
本東京大學東洋文化研究所藏中御門天皇正德元年（1711）明弘治年間
刻本。

30. 明‧高拱撰：《館閣偶詠》，中央研究院漢籍電子文獻資料庫影印清乾隆

十六年（1751）高玉生補刊本。

31. 明·董越撰，清·魏元曠校勘：《朝鮮賦附校勘記》，中央研究院傅斯年圖書館館藏民國乙卯（四）年（1915）南昌豫章叢書編刻局刊本。

32. 明·程敏政輯：《皇明文衡》，上海：商務印書館，1919 年影印上海涵芬樓借印無錫孫氏藏明嘉靖盧煥刊本。

33. 明·龔用卿撰：《使朝鮮錄》，南京：國學圖書館，1937 年國學圖書館影印明嘉靖本。

34. 明·陳良謨撰，民國·張壽鏞輯：《陳忠貞公遺集》，中央研究院漢籍電子文獻資料庫影印張氏約園刊本。

35. 明·張煌言：《張蒼水集》，中央研究院漢籍電子文獻資料庫影印張氏約園刊本。

36. 明·胡應麟：《詩藪》，上海：上海古籍出版社，1958 年。

37. 明·張寧撰：《奉使錄》，明·樊維城輯：《鹽邑志林》，臺北：藝文印書館，1967 年影印明天啟三年黃岡樊氏刊本。

38. 明·陳侃等著，臺灣銀行經濟研究室編：《使琉球錄》，《臺灣文獻叢刊》，臺北：臺灣銀行，1970 年，第 287 種。

39. 明·程敏政選編：《皇明文衡》，《四部叢刊正編》，臺北：臺灣商務印書館，1979 年據上海涵芬樓借印無錫孫氏藏明嘉靖盧煥刊本重印，第 98 冊。

40. 明·馮夢龍編撰，楊家駱編：《喻世明言》，北京：中華書局，1980 年。

41. 明·董越撰：《朝鮮賦》，《四庫全書珍本》，臺北：臺灣商務印書館，1981 年影印國立故宮博物院藏文淵閣四庫全書本，第 11 集。

42. 明·張以寧撰：《翠屏集》，《景印文淵閣四庫全書》，臺北：商務印書館，1983 年影印國立故宮博物院藏本，集部，別集類，第 1226 冊。

43. 明·宋濂：《文憲集》，《景印文淵閣四庫全書》，臺北：商務印書館，1983 年影印國立故宮博物院藏本，集部，別集類，第 1223 冊。

44. 明·林弼撰：《林登州集》，《景印文淵閣四庫全書》，臺北：商務印書館，1983 年影印國立故宮博物院藏本，集部，別集類，第 1227 冊。

45. 明·吳伯宗撰：《榮進集》，《景印文淵閣四庫全書》，臺北：商務印書館，1983 年影印國立故宮博物院藏本，集部，別集類，第 1233 冊。

46. 明·潘希曾撰：《竹澗集》，《景印文淵閣四庫全書》，臺北：商務印書館，

1983 年影印國立故宮博物院藏本，集部，別集類，第 1266 冊。

47. 明・李夢陽撰：《空同集》，《景印文淵閣四庫全書》，臺北：臺灣商務印書
館，1983 年據國立故宮博物院藏本影印。

48. 明・孫承恩撰：《文簡集》，《景印文淵閣四庫全書》，臺北：商務印書館，
1983 年影印國立故宮博物院藏本，集部，別集類，第 1271 冊。

49. 明・任亨泰：《景印狀元任先生遺稿》，臺北：中華民國任氏宗親會，1984
年影印國立中央圖書館藏明正德刊本。

50. 明・羅懋登著；陸樹崙，竺少華校點：《三寶太監西洋記通俗演義》，上
海：上海古籍出版社，1985 年。

51. 明・胡震亨：《唐音癸籤》，《景印本文淵閣四庫全書》，臺北：臺灣商務印
書館，1986 年影印國立故宮博物院藏本，集部，詩文評類，第 1482 冊。

52. 明・倪謙輯：《奉使朝鮮倡和集》，《叢書集成續編》，臺北：新文豐出版
社，1989 年影印玉簡齋叢書本，文學類，第 114 冊。

53. 明・朱國禎：《湧幢小品》，臺北：廣文書局，1991 年。

54. 明・胡應麟撰：《詩藪內編》，《四庫全書存目叢書》，臺南：莊嚴文化事業
有限公司，1997 年影印南開大學圖書館藏明刻本，集部，詩文評類，第
418 冊。

55. 明・陳子龍：《明經世文編》，北京：中華書局，1997 年。

56. 明・黃福撰：《黃忠宣公文集》，《四庫全書存目叢書》，臺南：莊嚴文化事
業有限公司，1997 年影印清華大學圖書館藏明嘉靖馮時雍刻本，集部，
別集類，第 27 冊。

57. 明・蔣冕撰：《湘皋集》，《四庫全書存目叢書》，臺南：莊嚴文化事業有限
公司，1997 年影印上海圖書館藏明嘉靖三十三年王宗沐等刻本，集部，
別集類，第 44 冊。

58. 明・魯鐸撰：《魯文恪公文集》，《四庫全書存目叢書》，臺南：莊嚴文化事
業有限公司，1997 年影印中共中央黨校圖書館藏明隆慶元年为梁刻本，
集部，別集類，第 54 冊。

59. 明・郭汝霖撰：《石泉山房文集》，《四庫全書存目叢書》，濟南：齊魯書
社，1997 年影印浙江圖書館藏明萬曆二十五年郭氏家刻本，集部，別集
類，第 129 冊。

60. 明・龔用卿撰：《雲崗選稿》，《四庫全書存目叢書》，臺南：莊嚴文化事業

有限公司，1997 年影印北京圖書館藏明萬曆三十五年龔燿刻本，集部，別集類，第 88 冊。

61. 明·朱之蕃撰，〔朝鮮〕柳根等撰：《奉使朝鮮稿》，《四庫全書存目叢書》，臺南：莊嚴文化事業有限公司，1997 年影印上海圖書館藏明萬曆刻本，集部，別集類，第 176 冊。

62. 明·尹襄：《巽峰集》，《四庫全書存目叢書》，臺南：莊嚴文化事業有限公司，1997 年影印原北平圖書館藏明嘉刻崇禎八年柴胤璧修補本，集部，別集類，第 67 冊。

63. 明·祁順撰：《巽川祁先生文集》，《四庫全書存目叢書》，濟南：齊魯書社，1997 年影印東北師範大學圖書館藏清康熙二年在茲堂刻本，集部，別集類，第 37 冊。

64. 明·湛若水撰：《湛甘泉先生文集》，《四庫全書存目叢書》，臺南：莊嚴文化事業有限公司，1997 年影印山西大學圖書館藏清康熙二十年黃楷刻本，集部，別集類，第 56、57 冊。

65. 明·陳誠撰：《陳竹山先生文集》，《四庫全書存目叢書》，臺南：莊嚴文化事業有限公司，1997 年影印江西省圖書館藏清雍正七年刻本，集部，別集類，第 26 冊。

66. 明·林希元：《同安林次崖先生文集》，《四庫全書存目叢書》，臺南：莊嚴文化事業有限公司，1997 年影印遼寧省圖書館藏清乾隆十八年陳臚聲詒燕堂刻本，集部，別集類，第 75 冊。

67. 明·毛伯溫撰：《毛襄懋先生別集》，《四庫全書存目叢書》，臺南：莊嚴文化事業有限公司，1997 年影印清華大學圖書館藏清乾隆三十七年毛仲愈等刻毛襄懋先生集本，集部，別集類，第 63 冊。

68. 明·章敞撰：《明永樂甲申會魁禮部左侍郎會稽質菴章公詩集》，《四庫全書存目叢書》，臺南：莊嚴文化事業有限公司，1997 年影印浙江圖書館藏清鈔本，集部，別集類，第 30 冊。

69. 明·朝鮮官府編：《皇華集》，《四庫全書存目叢書》，臺南：莊嚴文化事業有限公司，1997 年影印北京大學圖書館藏明朝鮮銅活字本，集部，總集類，第 301 冊。

70. 明·熊化撰：《靜儉堂集》，《天津圖書館孤本秘笈叢書》，北京：中華全國圖書館文獻縮微複製中心，1999 年，集部，第 12 冊。

71. 明‧王九思撰:《渼陂集》,《續修四庫全書》,上海:上海古籍出版社,2002 年影印明嘉靖十二年王獻等刻二十四年翁萬達續刻崇禎十三年張宗孟修補本,集部,別集類,第 1334 冊。

72. 明‧茅元儀:《石民四十集》,《續修四庫全書》,上海:上海古籍出版社,2002 年,集部,別集類,第 1387 冊。

73. 明‧于謙撰:《忠肅集》,《文津閣四庫全書》,北京:商務印書館,2005 年影印中國國家圖書館藏本,集部,別集類,第 324 冊。

74. 明‧潘希曾撰:《竹澗集》,《文津閣四庫全書》,北京:商務印書館,2005 年影印中國國家圖書館藏本,集部,別集類,第 423 冊。

75. 明‧文徵明撰:《甫田集》,《文津閣四庫全書》,北京:商務印書館,2005 年影印中國國家圖書館藏本,集部,別集類,第 425 冊。

76. 明‧徐𤊹:《榕陰新檢》,合肥:黃山書社,2008 年影印明萬曆三十四年刻本。

77. 明‧湛若水撰:《甘泉湛子古詩選》,《廣州大典》,廣州:廣州出版社,2015 年影印國家圖書館藏明嘉靖三十一年自刻本,第 56 輯,集部,別集類,第 4 冊。

78. 明‧梁儲撰:《鬱洲遺稿》,《廣州大典》,廣州:廣州出版社,2015 年影印廣東省社會科學院圖書館藏明嘉靖四十五年刻本,第 56 輯,集部,別集類,第 4 冊。

79. 明‧湛若水撰:《樵風》,《廣州大典》,廣州:廣州出版社,2015 年影印國家圖書館藏明刻本,第 56 輯,集部,別集類,第 4 冊。

80. 明‧王縝撰:《梧山王先生集》,《廣州大典》,廣州:廣州出版社,2015 年影印廣東省立中山圖書館藏本,第 56 輯,集部,別集類,第 6 冊。

81. 明‧湛若水著,鍾彩鈞、游騰達點校:《泉翁大全集》,臺北:中央研究院中國文哲研究所,2017 年。

82. 清‧張學禮撰:《使琉球記》,《龍威秘書》,中央研究院漢籍電子文獻資料庫影印清乾隆馬俊良輯刊本。

83. 清‧〔日〕河世寧輯:《全唐詩逸》,《知不足齋叢書》,中央研究院漢籍電子文獻資料庫影印清乾隆鮑廷博校刊本。

84. 清‧李鼎元著:《使琉球記》,《小方壺齋輿地叢鈔正編》,中央研究院漢籍電子文獻資料庫影印清光緒丁丑(三)年(1877)至丁酉(二十三)年(1897)

上海著易堂排印本。

85. 清‧何文煥編訂：《歷代詩話》，臺北：藝文印書館，1959 年。

86. 清‧黃宗羲編：《明文海》，《欽定四庫全書》，臺北：商務印書館，1977年，集部，總集類，第 313 冊。

87. 清‧康熙敕修，清‧彭定求編：《全唐詩》，北京：中華書局，1979 年。

88. 清‧汪森撰，清‧瑚圖禮校，清‧徐以坤覆勘，王雲五主編：《粵西詩載》，《四庫全書珍本九集》，臺北：臺灣商務印書館，1979 年影印故宮博物藏文淵閣本，第 4 冊。

89. 清‧汪森撰，王雲五主編：《粵西詩載》，《四庫全書珍本九集》，臺北：臺灣商務印書館，1979 年影印故宮博物藏文淵閣本，第 11 冊。

90. 清‧孫承澤：《天府廣記》，臺北：大立出版社，1980 年。

91. 清‧顧嗣立編：《元詩選》，北京：中華書局，1987 年。

92. 清‧董誥等編：《全唐文》，北京：中華書局，1987 年。

93. 清‧朱彝尊編：《明詩綜》，臺北：世界書局，1988 年。

94. 清‧朱彝尊：《靜志居詩話》，北京：人民文學出版社，1990 年。

95. 清‧嚴可均校輯：《全上古三代秦漢三國六朝文》，北京：中華書局，1991年。

96. 清‧錢謙益輯：《列朝詩集》，《四庫禁燬書叢刊》，北京：北京出版社，1995 年影印北京圖書館藏清鈔本，集部，第 95 冊。

97. 清‧劉熙載著：《藝概》，北京：中華書局，2009 年。

98. 姚從吾著，姚從吾先生遺著整理委員會編輯：《張德輝嶺北紀行》，臺北：正中書局，1971 年。

99. 李邊編著，朴在淵校點：《訓世評話》，韓國忠南牙山市：鮮文大學校翻譯文獻研究所，1997 年。

100. 清‧朝鮮英祖命編：《皇華集》，《域外漢籍珍本文庫》，第五輯，重慶：西南師範大學出版社、北京：人民出版社，2015 年影印日本國立公文書館藏朝鮮仁祖四年（1626）訓練督監字刊本，集部，第 13～15 冊。

101. 〔朝鮮〕魚叔權：《攷事撮要》，中央研究院漢籍電子文獻資料庫影印朝鮮仁祖年間（清〔1623～1649〕）刊本。

102. 〔朝鮮〕鄭麟趾等編纂：《皇華集》，臺北：珪庭出版社，1978 年影印朝鮮活字印本。

103. 〔朝鮮〕許篈:《荷谷先生朝天記》,臺北:珪庭出版社,1978 年。

104. 陳衍輯撰,李夢生校點:《元詩紀事》,上海:上海古籍出版社,1987 年。

105. 〔朝鮮〕李珥:《栗谷先生全書》,收錄於《韓國文集叢刊》,首爾:韓國景仁文化社,1990 年,第 44 冊。

106. 〔朝鮮〕李種徽,韓國民族文化推進會編刊:《修山集》,《影印標點韓國文集叢刊》,漢城:景仁文化社,2000 年,第 247 冊。

107. 〔朝鮮〕權近:《奉使錄》,《燕行錄全集》,首爾特別市〔서울특별시〕:東國大學校出版部,2001 年,第 3 冊。

108. 〔朝鮮〕丁煥:《朝天錄》,《燕行錄全集》,首爾特別市〔서울특별시〕:東國大學校出版部,2001 年,第 3 冊。

109. 〔朝鮮〕許篈:《朝天記》,《燕行錄全集》,首爾特別市〔서울특별시〕:東國大學校出版部,2001 年,第 4 冊。

110. 〔朝鮮〕趙憲:《朝天日記》,《燕行錄全集》,首爾特別市〔서울특별시〕:東國大學校出版部,2001 年,第 4 冊。

111. 〔朝鮮〕尹根壽:《朝天錄》,《燕行錄全集》,首爾特別市〔서울특별시〕:東國大學校出版部,2001 年,第 4 冊。

112. 〔朝鮮〕裴三益:《朝天錄》,《燕行錄全集》,首爾特別市〔서울특별시〕:東國大學校出版部,2001 年,第 5 冊。

113. 〔朝鮮〕李睟光:《朝天錄》,《燕行錄全集》,首爾特別市〔서울특별시〕:東國大學校出版部,2001 年,第 5 冊。

114. 〔朝鮮〕李安訥:《朝天錄》,《燕行錄全集》,首爾特別市〔서울특별시〕:東國大學校出版部,2001 年,第 6 冊。

115. 〔朝鮮〕佚名:《朝天日錄》,《燕行錄全集》,首爾特別市〔서울특별시〕:東國大學校出版部,2001 年,第 6 冊。

116. 〔朝鮮〕黃汝一:《銀槎錄》,《燕行錄全集》,首爾特別市〔서울특별시〕:東國大學校出版部,2001 年,第 8 冊。

117. 〔朝鮮〕黃士佑:《朝天錄》,《燕行錄全集》,首爾特別市〔서울특별시〕:東國大學校出版部,2001 年,第 8 冊。

118. 〔朝鮮〕蘇光震:《朝天日錄》,《燕行錄全集》,首爾特別市〔서울특별시〕:東國大學校出版部,2001 年,第 8 冊。

119. 〔朝鮮〕李弘胄:《梨川相公使行日記》,《燕行錄全集》,首爾特別市〔

서울특별시〕：東國大學校出版部，2001 年，第 8 冊。

120. 〔朝鮮〕李恒福：《朝天錄》，《燕行錄全集》，首爾特別市〔서울특별시〕：
東國大學校出版部，2001 年，第 9 冊。

121. 〔朝鮮〕徐居正：《筆苑雜記》，收錄於鄺健行，陳永明，吳淑鈿選編：《韓
國詩話中論中國詩資料選粹》，北京：中華書局，2002 年。

122. 〔朝鮮〕柳麟錫：《毅庵集》，《影印標點韓國文集叢刊》，漢城：景仁文化
社，2003 年。

123. 〔朝鮮〕李廷龜：《戊戌朝天錄》，《燕行錄全編》，桂林：廣西師範大學出
版社，2010 年，第 5 冊。

124. 〔朝鮮〕李晬光：《琉球使臣贈答錄》，《燕行錄全編》，桂林：廣西師範大
學出版社，2010 年，第 10 冊。

125. 復旦大學文史研究院，漢喃研究院合編：《越南漢文燕行文獻集成》，上
海：復旦大學出版社，2010 年，第 1 冊。

126. 〔越〕黎貴惇：《桂堂詩匯選》，《越南漢文燕行文獻集成》，上海：復旦大
學出版社，2010 年，第 3 冊。

127. 〔朝鮮〕鄭泰齊撰：《菊堂排語》，收錄於張景昆、韓繼鎬主編：《韓國詩
話全編校注》，北京：人民文學出版社，2012 年，第 3 冊。

二、近人專著

（一）中文專書（依作者姓氏筆畫排序）

1. 中華民國韓國研究學會編：《中韓關係史論文集》，臺北：中華民國韓國
研究學會印行，1983 年。

2. 中琉文化經濟協會主編：《第三屆中琉歷史關係國際學術會議論文集》，
臺北：中琉文化經濟協會，1991 年。

3. 王明珂：《華夏邊緣——歷史記憶與族群認同》，臺北：允晨文化實業股
份有限公司，1997 年。

4. 王少如、沈曉：《湯因比論——湯因比與厄本對話錄》，上海：三聯書店，
1997 年。

5. 王京生：《文化是流動的》，北京：人民出版社，2003 年。

6. 王明珂：《英雄祖先與弟兄民族——根基歷史的文本與情境》，臺北：允
晨文化實業股份有限公司，2006 年。

7. 王璦玲主編：《空間與文化場域：空間移動之文化詮釋》，臺北：漢學研究中心，2009 年。

8. 王力著：《漢語詩律學》，北京：中華書局，2015 年。

9. 王綿厚，朴文英著：《中國東北與東北亞古代交通史》，瀋陽：遼寧人民出版社，2016 年。

10. 北京圖書館文獻資訊服務中心剪輯：《明毅宗時代與琉球王國關係之研究》，北京：書目文獻出版社，1987 年。

11. 北京大學古文獻研究所編，傅璇琮等主編：《全宋詩》，北京：北京大學出版社，1991 年。

12. 北京大學韓國學研究中心編：《韓國學論文集》，北京：社會科學文獻出版社，1995 年，第四輯。

13. 石守謙、廖肇亨主編：《東亞文化意象之形塑》，臺北：允晨文化實業股份有限公司，2011 年。

14. 田曉菲：《神遊：早期中古時代與十九世紀中國的行旅寫作》，北京：生活・讀書・新知三聯（北京三聯）書店，2015 年。

15. 全明詩編纂委員會編：《全明詩》，上海：上海古籍出版社，1990 年。

16. 朱誠如、王天有主編：《明清論叢》，北京：紫禁城出版社，2003 年，第 4 輯。

17. 杜慧月：《明代文臣出使朝鮮與《皇華集》》，北京：人民出版社，2010 年。

18. 李豐楙：《山海經：神話的故鄉》，臺北：時報文化出版有限公司，1994 年。

19. 李豐楙、劉苑如主編：《空間、地域與文化──中國文化空間的書寫與闡釋》，臺北：中央研究院中國文哲研究所，2002 年。

20. 李恩涵著：《東南亞華人史》，臺北：五南圖書出版股份有限公司，2003 年。

21. 李澤厚：《論語今讀》，北京：三聯書店，2004 年。

22. 李安宅：《《儀禮》與《禮記》之社會學的研究》，上海：上海人民出版社，2005 年。

23. 李岩，徐建順等著：《朝鮮文學通史》，北京：社會科學文獻出版社，2010 年。

24. 李嘉瑜：《元代上京紀行詩的空間書寫》，臺北：里仁書局，2014 年。

25. 金渭顯編著：《高麗史中中韓關係史料彙編》，臺北：食貨出版社，1983年。

26. 金毓紱主編：《遼海叢書》，瀋陽：遼瀋書社，1985年。

27. 吳洪林編：《歷史名城山海關》，北京：新華出版社，1991年。

28. 吳政緯：《眷眷明朝：朝鮮士人的中國論述與文化心態（1600～1800）》，臺北：秀威資訊，2015年。

29. 周寧、金元浦譯：《接受美學與接受理論》，瀋陽：遼寧人民出版社，1987年。

30. 政治大學主編：《第三屆國際辭賦學學術研討會論文集》，臺北：國立政治大學文學院，1996年。

31. 洪軍著：《朱熹與栗谷哲學比較研究》，北京：中國社會科學出版社，2003年。

32. 孫康宜：《文學的聲音》，臺北：三民書局，2001年。

33. 胡適著，季羨林主編：《胡適全集》，合肥：安徽教育出版社，2003年。

34. 徐玉虎撰：《明代與琉球王國關係之研究》，臺北：徐玉虎，1986年。

35. 徐東日：《朝鮮朝使臣眼中的中國形象——以《燕行錄》、《朝天錄》為中心》，北京：中華書局，2010年。

36. 袁珂校注：《山海經校注》，上海：上海古籍出版社，1980年。

37. 韋慶遠：《明代黃冊制度》，北京：中華書局，1961年。

38. 郭廷以等著：《中越文化論集》，臺北：中華文化出版事業委員會，1956年。

39. 許雲樵譯：《安南通史》，新加坡：世界書局，1957年。

40. 陳慶浩，王三慶主編：《越南漢文小說叢刊》，臺北：臺灣學生書局，1987年。

41. 陳尚勝：《中韓關係史論》，山東：齊魯出版社，1997年。

42. 陳寅恪著，陳美延編：《金明館叢稿二編》，北京：生活·讀書·新知三聯書店，2001年。

43. 陳寅恪：《隋唐制度淵源略論稿（外二種）》，河北：河北教育出版社，2002年。

44. 陳捷先：《努爾哈齊事典》，臺北：遠流出版事業股份有限公司，2005年。

45. 陳益源：《越南漢籍文獻述論》，北京：中華書局，2011年。

46. 陳捷先：《明清中琉關係論集》，臺北：三民書局股份有限公司，2019 年。

47. 郭少棠：《旅行：跨文化想像》，北京：北京大學出版社，2005 年。

48. 郭建勛：《辭賦文體研究》，北京：中華書局，2007 年。

49. 高明士：《東亞文化圈的形成與發展》，臺北：臺大出版社，2005 年。

50. 高明士：《東亞傳統教育與法文化》，臺北：國立臺灣大學出版中心，2007 年。

51. 彭國棟編纂：《中越緬泰詩史》，臺北：中華文化出版事業委員會，1958 年。

52. 賈蕙萱，沈仁安編：《中日民俗的異同和交流》，北京：北京大學出版社 1993 年。

53. 梅新林，俞璋華主編：《中國遊記文學史》，上海：學林出版社，2004 年。

54. 張維華主編：《中國古代對外關係史》，北京：高等育出版社，1993 年。

55. 張秀民：《中越關係史論文集》，臺北：文史哲出版社，1992 年。

56. 張顯清、林金樹：《明代政治史》，桂林：師範大學出版社，2003 年。

57. 張伯偉編著：《域外漢籍研究集刊》第一輯，北京：中華書局，2005 年。

58. 張伯偉編著：《域外漢籍研究集刊》第二輯，北京：中華書局，2006 年。

59. 張伯偉編著：《域外漢籍研究集刊》第五輯，北京：中華書局，2009 年。

60. 張伯偉編著：《域外漢籍研究集刊》第六輯，北京：中華書局，2010 年。

61. 張伯偉編著：《域外漢籍研究集刊》第八輯，北京：中華書局，2013 年。

62. 張伯偉編著：《域外漢籍研究集刊》第九輯，北京：中華書局，2013 年。

63. 張伯偉編著：《域外漢籍研究集刊》第十輯，北京：中華書局，2014 年。

64. 張伯偉編著：《域外漢籍研究集刊》第十三輯，北京：中華書局，2016 年。

65. 張伯偉編著：《域外漢籍研究集刊》第二十輯，北京：中華書局，2020 年。

66. 張立輝：《山海關長城》，南京：江蘇鳳凰科學技術出版社，2017 年。

67. 葉泉宏：《明代前期中韓國交之研究（1368～1488）》，臺北：臺灣商務印書館，1991 年。

68. 黃寶實：《中國歷代行人考》，臺北：臺灣中華書局，1969 年。

69. 黃寶實：《中國歷代行人考續編》，臺北：臺灣中華書局，1970 年。

70. 黃應貴編：《空間與文化場域：空間之意象、實踐與社會的生產》，臺北：漢學研究中心，2009 年。

71. 傅啟學：《中國古代外交史料彙編》，臺北：國立編譯館中華叢書編審委

員會，1980 年。

72. 褚斌傑：《中國古代文體概論》，北京：北京大學出版社，1990 年。

73. 輔仁大學中國文學系編：《建構與反思》，臺北：臺灣學生書局有限公司，2002 年。

74. 楊廣咸：《安南史》，東京：東亞研究所出版，1942 年。

75. 楊寬：《西周史》，上海：上海人民出版社，1999 年。

76. 楊正泰撰：《明代驛站考》，上海：上海古籍出版社，2006 年。

77. 萬明：《明代中外關係史論稿》，北京：中國社會科學出版社，2011 年。

78. 葛兆光：《宅茲中國：重建有關「中國」的歷史論述》，新北：聯經出版事業股份有限公司，2011 年。

79. 葛兆光：《歷史中國的內與外：有關「中國」與「周邊」概念的再澄清》，香港：香港中文大學出版，2018 年。

80. 樂鋼主編：《東亞人文》，臺北：獨立作家出版社，2014 年，2014 年卷。

81. 鄭梁生：《明史日本傳正補》，臺北：文史哲出版社，1981 年。

82. 鄭永常：《漢文文學在安南的興替》，臺北：臺灣商務印書館，1987 年。

83. 鄭毓瑜：《性別與家國──漢晉辭賦的楚騷論述》，臺北：里仁書局，2000 年。

84. 鄭麗航、蔣維錟主編：《媽祖文獻資料彙編》（散文卷），北京：中國檔案出版社，2007 年，第一輯。

85. 鄭毓瑜：《文本風景：自我與空間的相互定義》，臺北：麥田出版社，2014 年。

86. 趙季輯校：《足本皇華集》，南京：鳳凰出版社，2013 年。

87. 錢鍾書：《管錐編》，北京：中華書局，1978 年，第四冊。

88. 劉師培：《劉師培全集》，北京：中共中央黨校出版社，1997 年，第 2 冊。

89. 劉紀蕙編：《他者之域──文化身份與再現策略》，臺北：麥田出版社，2001 年。

90. 劉春銀，王小盾，陳義主編：《越南漢喃文獻目錄提要》，臺北：中央研究院中國文哲研究所，2002 年。

91. 劉春銀，王小盾，陳義主編：《越南漢喃文獻目錄提要補遺》，臺北：中央研究院亞太研究專題中心，2004 年。

92. 劉玉珺：《越南漢喃古籍的文獻學研究》，北京：中華書局，2007 年。

93. 劉石吉等編：《旅遊文學與地景書寫》，高雄：中山大學人文研究中心出版，2013 年。

94. 瞿林東著：《中國史學史綱》，臺北：五南出版股份有限公司，2002 年。

95. 謝必震，胡新著：《中琉關係史料與研究》，北京：海洋出版社，2010 年。

96. 譚其驤主編：《中國歷史地圖集》，北京：中國地圖出版社，1982 年。

97. 顧紹柏：《謝靈運集校注》，上海：中州出版社，1987 年。

98. 蘇明：《域外行旅與文學想像》，北京：中國社會科學出版社，2016 年。

（二）學位論文（依作者姓氏筆畫排序）

1. 于在照：《越南漢詩與中國古典詩歌之比較研究》，河南：解放軍外國語學院博士論文，2007 年。

2. 王克平：《朝鮮與明外交關係研究》，吉林：延邊大學博士論文，2009 年。

3. 牛啟芳：《明代倪謙與朝鮮的文化交流及貢獻》，山東：山東大學碩士論文，2013 年。

4. 〔日〕仲宗根良治：《1879 年日本併吞琉球與琉案交涉》，臺中：國立中興大學歷史學研究所碩士論文，2009 年。

5. 呂青華：《琉球久米村人的民族學研究》，臺北：國立政治大學民族研究所博士論文，2008 年。

6. 李菁芳：《聯句詩研究》，臺中：逢甲大學中國文學所碩士論文，1998 年。

7. 李春蘭：《《丙申皇華集》研究》，吉林：延邊大學碩士論文，2019 年。

8. 林琳：《龔用卿及其《使朝鮮錄》探析》，吉林：延邊大學碩士論文，2010 年。

9. 孟憲堯：《《皇華集》與明代中朝友好交流研究》，吉林：延邊大學博士論文，2012 年。

10. 吳伊瓊：《明朝與朝鮮王朝詩文酬唱外交活動考論》，上海：復旦大學博士論文，2013 年。

11. 陳姿蓉：《漢代散體賦研究》，臺北：政治大學中國文學研究所博士論文，1996 年。

12. 高攀攀：《明代中朝使臣往來研究》，山東：山東師範大學碩士論文，2010 年。

13. 馬志興：《明朝遣往朝鮮使者身份研究》，吉林：吉林大學碩士論文，2011 年。

14. 張恩練：《越南仕宦馮克寬及其《梅嶺使華詩集》研究》，廣東：暨南大學碩士論文，2011 年。

15. 張婧雅：《林弼研究》，福建：閩南師範大學文學博士學位論文，2017 年。

16. 殷雪征：《明朝與朝鮮的禮儀之爭》，山東：山東大學博士論文，2015 年。

17. 趙克然：《《癸酉皇華集》研究》，吉林：延邊大學碩士論文，2018 年。

18. 滕淋：《明朝外交使節研究》，山東：山東師範大學碩士論文，2010 年。

19. 劉喜濤：《封貢關係視角下明代中朝使臣往來研究》，吉林：東北師範大學博士論文，2011 年。

（三）期刊論文（依作者姓氏筆畫／字母排序）

1. 王愛菊：〈夏子陽使琉球及其著述論略〉，《福建商業高等專科學校學報》第 4 期（2001 年 8 月），頁 32～33。

2. 王明珂：〈歷史事實、歷史記憶與歷史心性〉，《歷史研究》第 5 期（2001 年），頁 136～147。

3. 王菡：〈明清冊封使別集中琉球史料舉隅〉，《臺灣東亞文明研究學刊》第 3 卷 2 期（2006 年 12 月），頁 111～129。

4. 王克平：〈朝鮮赴明使臣的中國觀——以朝鮮赴明使臣所作紀行錄為考察中心〉，《東疆學刊》第 1 期（2009 年 1 月），頁 5～9。

5. 王準：〈從《朝鮮賦》和《交南賦》看明代文人的頌美意識〉，《昆明學院學報》第 36 卷第 4 期（2014 年 8 月），頁 90～93。

6. 王桂東：〈明代中朝邊疆地帶與兩國的使行往來〉，《北京社會科學》第 2 期（2019 年 2 月），頁 41～49。

7. 甘懷真：〈從天下到地上——天下學說與東亞國際關係的檢討〉，《臺大東亞文化研究》第 5 期（2018 年 4 月），頁 289～317。

8. 毛翰：〈琉球彈丸綴閩海，得此可補東南荒—琉球漢詩概述〉，《華文文學》第 1 期（2009 年 1 月），頁 88～97。

9. 毛翰：〈人間似隔紅塵外，錯認桃源有路通—琉球漢詩概述（1）〉，《安徽理工大學學報（社會科學版）》第 3 期（2010 年 9 月），頁 39～44。

10. 毛翰：〈欲寄相思淚，不知何處流——琉球漢詩概述（2）〉，《安徽理工大學學報（社會科學版）》，第 4 期（2010 年 12 月），頁 64～66。

11. 方寶川：〈明清冊封使及其從客在中琉關係中的作用〉，《福建師範大學學報（哲學社會科學版）》第 4 期（1989 年 12 月），頁 110～115。

12. 方寶川：〈謝杰及其著作考略〉，《福建師範大學學報（哲學社會科學版）》第 2 期（2009 年 3 月），頁 125～131。

13. 朱振宏：〈隋朝與朝鮮三國使節往來之研究〉，《中國歷史學會史學集刊》第 40 期（2008 年 09），頁 23～56。

14. 江宜樺：〈自由民主體制下的國家認同〉，《臺灣社會研究季刊》第 25 期（1997 年 3 月），頁 83～121。

15. 汪梅田：〈論媽祖民間傳說、民間信仰之形成〉，《民間文學論壇》第 1 期（1996 年 2 月），頁 10～13。

16. 汪泪：〈《使琉球錄》的價值探識〉，《長沙大學學報》第 31 卷第 1 期（2017 年 1 月），頁 110～113。

17. 李金明：〈試論明朝對琉球的冊封〉，《歷史檔案》第 4 期（1999 年 12 月），頁 82～87。

18. 李金明：〈明清琉球冊封使與中國文化傳播〉，《歷史檔案》第 3 期（2005 年 8 月），頁 56～61。

19. 李梅花：〈宋麗使節往來與文化交流〉，《東疆學刊》第 24 第 3 期（2007 年 7 月），頁 34～39。

20. 李德杏：〈宋元時期中外醫藥交流的方式及特點研究〉，《山東中醫藥大學學報》第 33 卷第 5 期（2009 年 9 月），頁 411～412、416。

21. 李芬蘭：〈從董越《朝鮮賦》看明代都邑賦的文化內涵〉，《青海師範大學民族師範學院學報》第 25 卷第 2 期（2014 年 11 月），頁 19～22。

22. 呂小蓬：〈馮克寬獻萬曆帝祝嘏詩的外交文化解讀〉，《北京社會科學報》第 10 期（2017 年 10 月），頁 74～81。

23. 林宛瑄：〈理性眨眼的瞬間——《哈利波特》中流動的想像地景〉，《英美文學評論》第 14 期（2009 年 6 月），頁 145～176。

24. 林唐歐：〈從「南海Ⅰ號」沉船看宋代的時代特征及航海精神〉，《客家文博》第 2 期（2020 年 6 月），頁 12～19。

25. 和麗娟〈淺談蕭崇業《航海賦》〉，《鴨綠江（下半月版）》，第 5 期（2014 年 5 月），頁 27～28。

26. 孟慶茹、袁棠華：〈從《皇華集》看中朝使臣對箕子形象的認知〉，《北華大學學報（社會科學版）》第 20 卷第 2 期（2019 年 3 月），頁 59～67。

27. 洪濤：〈語言與權力—探索早期政治權力的發生及其特點的一個視角〉，

《學術月刊》第 10 期（1997 年 10 月），頁 49～54。

28. 吳元豐：〈名目繁多的琉球來華使節〉，《歷史檔案》第 2 期（2004 年 5 月），頁 131～132。

29. 吳永寧：〈明前中琉關係史料考證〉，《臨沂師範學院學報》第 32 卷第 5 期（2010 年 10 月），頁 88～91。

30. 吳叡人：〈沒有民族主義的民族？：伊波普猷的日琉同祖論初探〉，《考古人類學刊》第 81 期（2014 年 12 月），頁 111～135。

31. 徐玉虎：〈琉球歷代寶案之研究〉，《輔仁學誌（文學院之部）》第 11 期（1982 年 6 月），頁 253～301。

32. 徐玉虎：〈琉球人對「明清冊封使所乘海舶」稱謂考〉，《國立政治大學歷史學報》第 5 期（1984 年 5 月），頁 21～55。

33. 徐玉虎：〈明琉球官生入太學事蹟考實（上）〉，《東方雜誌》第 19 卷第 10 期（1986 年 4 月），頁 36～44。

34. 徐玉虎：〈明琉球官生入太學事蹟考實（下）〉，《東方雜誌》第 19 卷第 11 期（1986 年 5 月），頁 34～41。

35. 徐玉虎：〈南明隆武帝遣使琉球頒諭「三詔」考釋〉，《國立政治大學邊政研究所年報》第 18 期（1987 年 10 月），頁 151～195。

36. 徐玉虎：〈琉球國王七宴中朝冊封使考實〉，《國立政治大學歷史學報》第 6 期（1988 年 9 月），頁 53～103。

37. 徐玉虎：〈明琉封貢中「官生入監讀書習禮」之研究〉，《輔仁歷史學報》第 4 期（1992 年 12 月），頁 71～86。

38. 徐玉虎：〈明琉球王國世子尚豐請封襲爵考〉，《輔仁歷史學報》，第 6 期（1994 年 12 月），頁 133～164。

39. 徐玉虎：〈明嘉靖辛酉郭汝霖李際春《重編使琉球錄》解題之研析〉，《海交史研究》，第 2 期（2001 年 12 月），頁 56～105。

40. 許恬怡：〈謝靈運〈山居賦〉自注原因析論〉，《淡江中文學報》第 16 期（2007 年 6 月），頁 205～228。

41. 許結：〈行人與賦〉，《古典文學知識》第 2 期（總第 191 期）（2017 年 3 月），頁 137～142。

42. 陳捷先，徐玉虎，劉耿生，謝必震：〈揭開塵封的中琉關係史〉，《歷史月刊》第 61 期（1993 年 2 月），頁 28～62。

43. 陳文:〈明朝出使占城研究〉,《東南亞》第 2 期（2004 年 6 月）,頁 46～52。

44. 陳鴻瑜:〈漢朝使節到過南印度嗎?〉,《歷史月刊》第 204 期（2005 年 1 月）,頁 140～143。

45. 陳文源:〈明朝士大夫的安南觀〉,《史林》第 4 期（2008 年 4 月）,頁 113～119。

46. 陳占彪:〈論郭汝霖「使琉」及其《重編使琉球錄》〉,《海交史研究》,第 2 期（2016 年 12 月）,頁 69～80。

47. 陳中雨:〈中國涉外關係的政策選項－以明代廷議征伐安南的歷史實踐為例〉,《北商學報》第 32 期（2017 年 7 月）,頁 73～90。

48. 郭建勳:〈騷體賦的界定及其在賦體文學中的地位〉,《求索》第 5 期（2000 年 5 月）,頁 96～100。

49. 郭萬金、趙寅君:〈明代對外交往中的詩歌態度〉,《饒宗頤國學院院刊》第 2 期（2015 年 6 月）,頁 327～354。

50. 郭嘉輝:〈元明易代與天下重塑──洪武賓禮的出現及其意義〉,《臺灣東亞文明研究學刊》,第 17 卷第 1 期（總第 33 期）（2020 年 6 月）,頁 1～54。

51. 孫衛國:〈《朝天錄》與《燕行錄》──朝鮮使臣的中國使行紀錄〉,《中國典籍與文化》第 1 期（2002 年）,頁 74～80。

52. 高艷林:〈明代中朝使臣往來研究〉,《南開學報（哲學社會科學報）》第 5 期（2005 年 9 月）,頁 69～77。

53. 高艷林:〈嘉靖時期中朝關系的新階段〉,《西北師大學報（社會科學版）》第 2 期（2008 年 3 月）,頁 32～35。

54. 張士尊:〈明朝與朝鮮交通路線變化考〉,《鞍山師範學院學報》第 2 卷第 4 期（2000 年 12 月）,頁 13～17。

55. 張圍東:〈《臺灣珍藏善本叢刊 古鈔本明代詩文集》〉,《全國新書資訊月刊》第 180 期（2013 年 12 月）,頁 13～23。

56. 張京華:〈作詩的使臣──湛若水與安南君臣的酬唱〉,《外國文學評論》第 3 期（2018 年）,頁 5～49。

57. 黃裔:〈琉球漢詩:中國詩歌移植的碩果〉,《福建師範大學學報（哲學社會科學版）》第 3 期（1995 年 7 月）,頁 45～51。

58. 黃修志：〈高麗使臣的「小中華館」與朝鮮「小中華」意識的起源〉，《古代文明》第 4 期（2012 年），頁 88～96。

59. 葛兆光：〈預流、立場與方法——追尋文史研究的新視野〉，《復旦學報》第 2 期（2007 年 3 月），頁 1～14。

60. 傅朗：〈陳侃使琉球及其《使琉球錄》的影響〉，《海交史研究》，第 2 期（1996 年 12 月），頁 66～69。

61. 楊正泰：〈明代國內交通路線初探〉，《歷史地理》第 7 輯（1990 年 7 月），頁 96～108。

62. 楊儒賓：〈黃帝與堯舜—先秦思想的兩種天子觀〉，《臺灣東亞文明研究學刊》第 2 卷第 2 期（總第 4 期）（2005 年 12 月），頁 99～136。

63. 楊雨蕾：〈明清時期朝鮮朝天、燕行路線及其變遷〉，《歷史地理》第 21 輯（2006 年 5 月），頁 262～273。

64. 葉曄：〈明人域外賦雙璧：董越《朝鮮賦》與湛若水《交南賦》〉，《文史知識》第 6 期（2009 年 6 月），頁 31～36。

65. 彭茜：〈試論國內學界對越南來華使節及其漢詩的研究〉，《東南亞縱橫》第 8 期（2013 年 8 月），頁 52～55。

66. 馮小祿，張歡：〈越南馮克寬《使華詩集》三考〉，《文獻雙月刊》第 6 期（2018 年 11 月），頁 34～46。

67. 詹杭倫，杜慧月：〈倪謙出使朝鮮與《庚午皇華集》考述〉，《逢甲人文社會學報》第 14 期（2007 年 6 月），頁 55～72。

68. 廖大珂：〈試論明朝與東南亞各國朝貢關係的性質〉，《南洋問題研究》第 3 期（1989 年 6 月），頁 91～110。

69. 廖肇亨：〈知海則知聖人：明代琉球冊封使海洋書寫義蘊探詮〉，《臺灣古典文學研究集刊》第 2 期（2009 年 12 月），頁 5～33。

70. 廖肇亨：〈從「搜奇獵異」到「休明之化」——由朱之蕃看晚明中韓使節文化書寫的世界圖像〉，《漢學研究》第 29 卷第 2 期（2011 年 6 月），頁 53～80。

71. 廖肇亨：〈明代朝鮮詔使詩世界觀探析：以祁順為例〉，《四川大學學報（哲學社會科學版）》第 5 期（2018 年）（總第 218 期），頁 166～174。

72. 潘暢和：〈古代日本與朝鮮的特殊階層—武士與兩班之比較〉，《日本學刊》第 5 期（2010 年），頁 115～127。

73. 鄭永常：〈一次奇異的詩之外交：馮克寬與李睟光在北京的交會〉,《臺灣古典文學研究集刊》第 1 期（2009 年 6 月）,頁 345～372。

74. 劉玉珺：〈中國使節文集考述——越南篇〉,《首都師範大學學報（社會科學版）》2007 卷第 3 期（2007 年 6 月）,頁 29～35。

75. 劉玉珺：〈越南北使文獻總說〉,《華西語文學刊》第 2 期（2012 年 12 月）,頁 146～157。

76. 蕭源錦：〈古代朝鮮與越南的科舉制補遺〉,《文史雜談》（2004 年 7 月）,頁 29～30。

77. 蔣武雄：〈宋使節在遼的飲食活動〉,《東吳歷史學報》第 16 期（2006 年 12 月）,頁 1～24。

78. 蔣武雄：〈宋臣彭汝礪使遼的行程〉,《史學彙刊》第 34 期（2015 年 12 月）,頁 63～97。

79. 謝必震：〈明清冊封琉球論略〉,《海交史研究》第 19 卷第 1 期（1991 年 6 月）,頁 30～42。

80. 謝必震：〈試論明清使者琉球航海中的海神信仰〉,《世界宗教研究》,第 71 卷第 1 期（1998 年 4 月）,頁 78～85。

81. 鄒春燕：〈陳侃《使琉球錄》史料價值研究〉,《文化學刊》,第 8 期（2020 年 8 月）,頁 225～228。

82. 權赫子：〈從《皇華集》「箕子題詠」看辭賦的外交功能〉,《東疆學刊》第 28 卷第 3 期（2011 年 7 月）,頁 8～11。

83. 蘇岑：〈明使的「金四月」題唱和朝鮮的「斷指療親」風俗〉,《華南師範大學學報（社會科學版）2014 年第 3 期（2014 年 6 月）,頁 47～54。

84. 拜根興（Gen-Xing Bai）：〈唐中後期赴新羅使節關聯問題考辨〉,《陝西師範大學學報（哲學社會科學版）》第 33 卷第 6 期（2004 年 11 月）,頁 81～86。

85. Galtung, J. & Ruge, M. H. (1965). The Structure of Foreign News. *Journal of Peace Research*, 2(1), 46-91.

86. 〔日〕岩井茂樹（いわい しげき）：〈明代中国の礼制覇権主義と東アジアの秩序〉,《東洋文化》,第 85 號（2005 年 3 月）,頁 121～160。

87. Joseph D. Straubhaar (1991). Beyond Media Imperialism: Assymetrical Interdependence and Cultural Proximity. *Critical Studies in Media*

Communication, 8(1), 39-59.

88. 〔日〕上里賢一（Kenichi Uezato）著，陳瑋芬譯：〈琉球對儒學的受容〉，《臺灣東亞文明研究學刊》第 3 卷第 1 期（2006 年 6 月），頁 3～25。

89. 〔日〕村上正二（Murakami Masaji）著，鄭欽仁譯：〈征服王朝（上）〉，《食貨月刊》第 10 卷第 8 期（1980 年 11 月），頁 355～368。

90. 〔日〕村上正二（Murakami Masaji）著，鄭欽仁譯：〈征服王朝（下）〉，《食貨月刊》第 10 卷第 9 期（1980 年 12 月），頁 402～412。

91. Michel Espagne&Michael Werner（1985）. Deutsch-französischer Kulturtransfer im 18. und 19 Jahrhundert： Zu einem neuen interdisziplinären Forschungsprogramm des C.N.R.S.,Francia ,13, p. 502-510.

（四）外文專著及翻譯著作（依作者姓氏字母排序）

1. 〔英〕阿諾爾得‧約瑟‧湯恩比（Arnold Joseph Toynbee）著，曹未風等譯：《歷史研究 A Study of History》（下冊），上海：上海人民出版社，1959 年。

2. 〔日〕新城俊昭（あらしろ としあき）：《ジュニア版琉球‧沖縄史：沖縄をよく知るための歴史教科書》，沖縄：東洋企画，2008 年。

3. 〔挪〕諾伯舒兹（Christian Norberg-Schulz），施植明譯：《場所精神：邁向建築現象學 Genius Loci:Towards a Phenomenology of Architecture》，武漢：華中科技大學出版社，2010 年。

4. Clifford Geertz. 1973. The Interpretation of Cultures. New York:Basic Books, Inc.

5. 〔法〕克勞德‧李維斯陀（Claude Lévi-Strauss）著，李幼蒸譯：《野性的思維 The Savage Mind》，臺北：聯經出版社，1989 年。

6. Chris Brown 著，國家教育研究院等譯：《當代國際政治理論》，臺北：巨流圖書出版有限公司，2013 年。

7. 〔瑞〕卡爾‧榮格（C. G. Jung），莊仲黎譯：《榮格論心理類型 Psychologische Typen》，臺北：商周出版，2017 年。

8. 〔法〕丹納著，傅雷譯：《藝術哲學》，上海：人民文學出版社，1981 年。

9. Dean MacCannell.1992. Empty Meeting Grounds: The Tourist Papers. London: Routledge.

10. 〔美〕康達維（David R.Knechtges）著，蘇瑞隆譯：《漢代宮廷文學與文化

之探微：康達維自選集 *Studies of Han Dynasty Court Literature and Culture*》，上海：上海譯文出版社，2013 年。

11. Edward & Lance 著，蔡儷伶譯：《旅遊心理學》，臺北：揚智文化出版社，1990 年。

12. 艾德華‧薩依德（Edward W. Said）著，蔡源林譯：《文化與帝國主義》，臺北：立緒文化事業有限公司，2001 年。

13. 伊凡斯（Evans,Dylan）著，劉紀蕙譯：《拉岡精神分析辭彙》，臺北：巨流出版有限公司，2009 年。

14.〔瑞〕斐迪南‧德‧索緒爾（Ferdinand de Saussure）：《普通語言學教程 *Cours de linguistique générale*》，北京：商務印書館，1980 年。

15.〔英〕馮客（Frank Dikotter）原著，楊立華譯：《近代中國之種族觀念 *The Discourse of Race in Modern China*》，南京：江蘇人民出版社，1999 年。

16. 加斯東‧巴謝拉（Gaston Bachelard）原著，龔卓軍譯：《空間詩學 *The Poetic of Space*》，臺北：張老師文化出版社，2003 年。

17.〔美〕牟復禮（Frederick W. Mote），〔英〕崔瑞德（Denis Twitchett）等編，張書生等譯：《劍橋中國明代史》（上卷），北京：中國社會科學出版社，1992 年。〔Mote,Frederick W. and Twitchett, Denis, *The Cambridge History of China*, Vol. 7, The Ming Dynasty, 1368-1644, part 1, Cambridge: Cambridge University Press, 1988.〕

18.〔美〕牟復禮（Frederick W. Mote），〔英〕崔瑞德（Denis Twitchett）等編，張書生等譯：《劍橋中國明代史》（下卷），北京：中國社會科學出版社，2006 年。

19.〔日〕夫馬進（ふますすむ）著，伍躍譯：《朝鮮燕行使與朝鮮通信使：使節視野中的中國‧日本》，上海：上海古籍出版社，2010 年。

20. 凱爾（George H. Kerr）撰，佐藤亮一等譯：《琉球の歷史》，琉球：琉球列島米國民政府，1956（昭和 31）年。

21. 哈伯瑪斯（Habermas, Jürgen）著，曹衛東等譯：《公共領域的結構轉型》，臺北：聯經出版社，2002 年。

22. Héctor Ceballos Garibay. 1994. *Foucault y el poder*. México:Ediciones Coyoacan S.A.de C.V.

23. Immanuel Wallerstein. 1984. *The Politics of the World-Economy: The States,*

the Movements and the Civilisations. Cambridge:Cambridge University Press.

24. John King Fairbank ed.1968. *The Chinese World Order:Traditional China's Foreign Relations*, Cambridge , Mass.:Harvard University Press.

25. Julia Kristeva. Edited by Toril Moi.1986. *The Kristeva Reader*. New York: Columbia University Press.

26.〔美〕費正清（J.K. Fairbank），E.O. Reischauer & A.M. Craig 著，黎鳴等譯:《東亞文明：傳統與變革 *East Asia: Tradition and Transformation*》，天津：天津人民出版社，1992 年。

27. John Tomlinson.1999. *Globalization and Culture*. Chacigo: University of Chacigo Press.

28. 約翰‧伯格（John Berger）著，吳莉君譯:《觀看的方式 Ways of Seeing》，臺北：麥田出版社，2005 年。

29. John Urry, Jonas Larsen. 2011. *The Tourist Gaze 3.0*. London:Sage Publications Ltd.

30. Karl A.Wittfogel (魏復古) and Feng Chia-Sheng (馮家昇). 1949. History of Chinese Society: Liao, (907-1125). Philadelphia:The American Philosophic Society.

31.〔韓〕國史編纂委員會編:《朝鮮王朝實錄》，首爾特別市（서울특별시）：東國文化社，1956 年。

32.〔韓〕高麗大學校韓國史研究室著，孫科志譯:《新編韓國史》，濟南：山東大學出版社，2010 年。

33.〔法〕汪德邁（LéonVandermeersch）著，陳彥譯:《新漢文化圈》，江西：江西人民出版社，2007 年。

34. Mill J. R .1972. Utilitarianism, *On Liberty and Representative Government*. London: Dent.

35. Michel Foucault.1994. *Dits et écrits, tome III : 1976-1979*. Paris:Gallimard.

36.〔法〕M. Halbwachs 著，華然、郭金華譯:《論集體記憶》，上海：人民出版社，2002 年。

37.〔英〕邁克‧克朗（Mike Crang）著，王志弘、余佳玲、方淑惠等譯:《文化地理學 Cultural Geography》，臺北：巨流圖書股份有限公司，2008 年。

38. 野口鐵郎（のぐち　てつろう）：《中国と琉球》，東京：開明書院，1977年。

39. 〔日〕西嶋定生：《東アジア世界と日本》，收入於《西嶋定生東アジア世界史論集》，東京：岩波書店，2002年。

40. 〔日〕岡田英宏（おかだひでひろ），陳心慧譯：《世界史的誕生：蒙古的發展與傳統》，新北：廣場出版社，2013年。

41. 〔英〕Paul Cloke、Philip Crang、Mark Goodwin 著，王志弘、李延輝、余佳玲、方淑惠、石尚久、陳毅峰、趙綺芳等譯：《人文地理概論 Introducing Human Geographies》，臺北：巨流圖書公司，2006年。

42. 〔英〕彼得‧艾迪（Peter Adey）著，徐苔玲、王志弘譯：《移動 Mobility》，臺北：群學出版社，2013年。

43. 羅伯特‧波寇克（Robert Bocock）著，田心喻譯：《文化霸權》，臺北：遠流出版事業股份有限公司，1991年。

44. 〔美〕撒母耳‧亨廷頓著，程克雄譯：《我們是誰？——美國國家特性面臨的挑戰》，北京：新華出版社，2005年。

45. 〔美〕雪倫‧朱津（Sharon Zukin），王志弘、王玥民、徐苔玲譯：《權力地景：從底特律到迪士尼世界 Landscapes of Power: From Detroit to Disney World》，新北：群學出版有限公司，2010年。

46. 〔紐〕費希爾（S. R. Fischer）著，李瑞麟等譯：《閱讀的歷史 A History of Reading》，上海：商務印書館，2009年。

47. 孫康宜、宇文所安（Stephen Owen）主編：《劍橋中國文學史 The Cambridge History of Chinese Literature》，臺北：聯經出版社，2016年。

48. 〔日〕濱下武志（はましたたけし，Takeshi Hamashita），辛島昇編：《地域史とは何か》，東京：山川出版社，1997年。

49. 〔日〕濱下武志（はましたたけし，Takeshi Hamashita）著，朱蔭貴、歐陽菲譯：《近代中國的國際契機——朝貢貿易體系與近代亞洲貿易圈（近代中國の国際的契機——朝貢貿易システムと近代アジア）》，北京：中國社科出版社，1999年。

50. 〔日〕濱下武志（はましたたけし，Takeshi Hamashita）著，朱蔭貴、歐陽菲譯：《近代中國的國際契機朝貢貿易體系與近代亞洲經濟圈》，北京：中國社會科學出版社，2004年。

51.〔美〕Yi-Fu Tuan（段義孚）著，潘桂成譯：《空間與地方：經驗的視角 *Space and Place-the Perspective of Experience*》，北京：中國人民大學出版社，2017 年。

52.〔日〕遊佐昇，野崎充彥，增尾信一郎編：《アジア諸地域と道教》，東京：雄山閣，2001 年。

三、工具書及網路資源（按編者姓氏筆畫排序）

1. 王重民：《中國善本書提要》，上海：上海古籍出版社，1983 年。
2. 王洪、田軍主編：《唐詩百科大辭典》，北京：光明日報出版社，1994 年。
3. 尹均生主編：《中國寫作學大辭典》，北京：中國檢察出版社，1998 年。
4. 中國大百科全書線上資料
5. http://lib2.tngs.tn.edu.tw/cpedia/Content.asp?ID=72610
6. 內政部地政司線上資料 https://web.archive.org/web/20120614114615/http://maritimeinfo.moi.gov.tw/marineweb/layout_C10.aspx
7. 辛夷，成志偉主編：《中國典故大辭典》，北京：燕山出版社，1991 年。
8. 英國培生教育出版亞洲有限公司：《朗文當代高級英語辭典》，北京：外語教學與研究出版社，2009 年。
9. 科學 oneline——高瞻自然科學教學資源平臺線上資料
10. https://highscope.ch.ntu.edu.tw/wordpress/?p=4851
11. 賈文毓，李引主編：《中國地名辭源》，北京：華夏出版社，2005 年。
12. 張春興：《張氏心理學辭典》，臺北：臺灣東華書局股份有限公司，1989 年。
13. 臧維熙等編：《中國旅遊文化大辭典》，上海：上海古籍出版社，2000 年。
14. 霍松林：《辭賦大辭典》，江蘇：江蘇古籍出版社，1996 年。
15.〔英〕斯蒂爾編：《牛津中階英漢雙解詞典：第 3 版》，北京：商務印書館，2001 年。
16. the free dictionary 線上資料 https://encyclopedia.thefreedictionary.com/diffusion

附　錄

附表 1-1　王氏高麗時期明使節出使朝鮮一覽表

項次	在位皇帝	年　號	西元年	使臣姓名	出使身份	出使任務	資料來源
1	太祖	洪武元年	1368	偰斯	符寶郎	賜璽書	《明實錄》
2	太祖	洪武二年	1369	偰斯	符寶郎	封王	《明實錄》
				金麗淵	內使	護送流寓者還	《明實錄》
3	太祖	洪武三年	1370	徐師昊	道士	祭山川	《攷事撮要》
				卜謙	侍儀舍人	頒科舉詔	《攷事撮要》
				栢禮	禮部主事	封建親王詔	《攷事撮要》
				夏祥鳳	秘書監直長	頒嶽鎮海瀆城隍神號詔	《攷事撮要》
4	太祖	洪武五年	1372	延安答里	前元樞密使	護送	《明實錄》
				延安答里	前元樞密使	詔諭	《明實錄》
5	太祖	洪武七年	1374	林實週蟄	禮部主事	取馬匠／匹	《朝鮮王朝實錄》
				蔡斌	牧所大使		

6	太祖	洪武十八年	1385	張溥	國子學錄	封王	《明實錄》
				段裕	行人		
				周倬	國子典簿	賜諡	《明實錄》
				雒英	行人		
7	太祖	洪武十九年	1386	高家奴	指揮僉事	市馬	《明實錄》
8	太祖	洪武二十一年	1388	喜山	前元院使	求馬及閹人	《高麗史》
				金麗普化	大卿		
9	太祖	洪武二十四年	1391	韓龍	宦者	求馬及閹人	《高麗史》
				黃禿蠻	宦者		
				康完者篤	前元承徽院使	賜物	
				李羅帖木兒	前元院使		《攷事撮要》
				察罕帖木兒	太卿		《攷事撮要》

附表 1-2　李氏朝鮮時期明使節出使朝鮮一覽表

項次	在位皇帝	年　號	西元年	使臣姓名	出使身份	出使任務	資料來源
1	太祖	洪武二十六年	1393	黃永奇	內史	詔諭	《朝鮮王朝實錄》
				崔淵	內史		
				黃永奇等	內史	詔諭	
2	太祖	洪武二十七年	1394	黃永奇等	內史	齎左軍都督府咨文	《朝鮮王朝實錄》
				盧他乃	內史		
				朴德龍	內史		
				鄭澄	內史		
3	太祖	洪武二十九年	1396	楊帖木宋孛羅	欽差內使	宣諭聖旨	《朝鮮王朝實錄》
				王禮	欽差內使		
				牛牛	尚寶寺丞		
4	惠帝	建文三年	1401	陸顒	禮部主事	賜大統曆文綺紗羅等物	《明實錄》
				林士英	行人		

				章謹	通政寺丞	賜誥命金印	
				端禮	文淵閣待詔		
				陸顒	禮部主事	賜彩幣藥材	
				祝孟獻	太僕寺少卿		
5	惠帝	建文四年	1402	潘文奎	行人	賜冕服	《攷事撮要》
				端木智	兵部主事	齎兵部咨	《朝鮮王朝實錄》
				栗堅	監生		
				周繼	獸醫		
6	成祖	永樂元年	1403	趙居任等	左通政	頒即位詔	《明實錄》
				黃儼	太監	賜誥命金印	《攷事撮要》
				高得	都指揮使		
				田畦	內官	頒敕	
				馬麟	給事中		
				黃儼	太監	賜冠服	
				王延齡	翰林待詔	賜物	《明實錄》
				崔彬	行人		
7	成祖	永樂二年	1404	楊進保	內官	頒詔	《攷事撮要》
				敖惟善	給事中		
				劉璟	內官	賜彩幣及藥材	《攷事撮要》《明實錄》
				王俊用	國子監丞		
8	成祖	永樂三年	1405	鄭昇	內使	選火者	《攷事撮要》
9	成祖	永樂四年	1406	黃儼	太監	求銅佛	《攷事撮要》
10	成祖	永樂五年	1407	鄭昇	內官	頒平安南詔	《攷事撮要》
				馮謹	行人		
				黃儼	太監	迎取舍利	

11	成祖	永樂六年	1408	黃儼	太監	賜幣	《朝鮮王朝實錄》《攷事撮要》
				田嘉禾	內史	賜物	
				海壽	內史		
				韓帖木兒	內史		
				奇原	尚寶司尚寶		
				祁保	內使都知監左少監	賜祭	
				林觀	禮部郎中		
12	成祖	永樂七年	1409	黃儼	太監	賜幣	《攷事撮要》
				海壽	監丞	賜物	
				尹鳳	奉御		
13	成祖	永樂八年	1410	田嘉禾	中官	賜物	《明實錄》
				海壽	中官		
14	成祖	永樂九年	1411	黃儼	太監	賜藥材	《攷事撮要》
15	成祖	永樂十五年	1417	黃儼	太監	賜彩幣	《攷事撮要》
				海壽	少監		
16	成祖	永樂十六年	1418	韓確	光祿寺少卿	往改封世子	《明實錄》
				劉泉	鴻臚寺丞		
				陸善	內官		《攷事撮要》
17	成祖	永樂十七年	1419	黃儼	中官	賜誥命	《明實錄》
				韓確	光祿寺少卿		《攷事撮要》
				劉泉	鴻臚寺丞		
18	成祖	永樂十八年	1420	趙亮	禮部員外郎	賜祭及諡	《攷事撮要》
				易節	行人		
19	成祖	永樂二十一年	1423	劉璟	內官	賜祭及諡	《攷事撮要》
				楊善	禮部郎中		
				陳敬許	禮部郎中	齎敕	
				海壽	中官		《明實錄》

20	仁宗	洪熙元年	1425	尹鳳	內官	賜彩幣	《攷事撮要》
				朴實	內官		
				齊賢	內官	頒詔	
				劉浩	行人		
21	宣宗	宣德元年	1426	金滿	中官	賜祭	《明實錄》
				焦循	禮部郎中	頒即位詔	《明實錄》
				盧進	鴻臚寺少卿		
				尹鳳	內官	賜彩幣	《攷事撮要》
22	宣宗	宣德二年	1427	尹鳳	內官	取馬賜彩幣	《攷事撮要》
23	宣宗	宣德三年	1428	趙泉	鴻臚寺少卿	詔立太子	《明實錄》
				李約	兵部員外郎		《攷事撮要》
				尹鳳	太監	賜物	
				昌盛	太監		
24	宣宗	宣德四年	1429	金滿	少監	賜祭	《攷事撮要》
				昌盛	內官	選火者賜彩幣	
				尹鳳	內官		
				金滿	內官	賜物	
25	宣宗	宣德五年	1430	昌盛	內官	賜物	《攷事撮要》
				尹鳳	內官		
26	宣宗	宣德六年	1431	昌盛	內官	令進海青黃鷹土豹	《攷事撮要》
				尹鳳	內官		
				張童兒	內官		
				張之安	內官		
27	宣宗	宣德七年	1432	昌盛	太監	賜彩幣	《攷事撮要》
				尹鳳	太監		
				張之安	監丞		
28	宣宗	宣德八年	1433	孟桓可	指揮僉事	賚勑書	《明實錄》
				昌盛	太監	賜幣求海青	《攷事撮要》

29	宣宗	宣德九年	1434	孟樫可	指揮僉事	勅諭	《攷事撮要》
30	宣宗	宣德十年	1435	李約	郎中	敕諭	《明實錄》
				李儀	員外郎		
31	英宗	正統十四年	1449	倪謙	翰林院侍講	頒即位詔	《明實錄》
				司馬恂	刑科給事中		
32	代宗	景泰元年	1450	尹鳳	太監	諭祭冊封	《明實錄》
				鄭善	奉御		
33	代宗	景泰三年	1452	陳鈍	吏部稽勳司郎中	詔立太子	《明實錄》
				李寬	行人司司正		
				金興	內官	吊祭	《明實錄》
				金宥			
34	代宗	景泰七年	1456	尹鳳	內官	賜誥命及冕服	《攷事撮要》
				金興	內官		
35	英宗	天順元年	1457	陳鑑	翰林院修撰	頒復登寶位詔	《攷事撮要》
				高閏	太常寺博士		
36	英宗	天順三年	1459	陳嘉猷	刑科給事中	寶勅	《攷事撮要》
37	英宗	天順四年	1460	張寧	禮科掌科事給事中	寶勅	《攷事撮要》
				武忠	錦衣衛都指揮		
38	英宗	天順八年	1464	金湜	太僕寺丞	頒即位詔	《明實錄》
				張珹（誠）	中書舍人		
39	憲宗	成化四年	1468	李滿	本國討斬	寶勅	《攷事撮要》
				姜玉	內官		
				金輔	內官		
				鄭同	太監	冊封致祭	《明實錄》

				崔安	太監		
				沈繪	太監	弔祭	《明實錄》
40	憲宗	成化五年	1469	金興	內官		
				姜浩	行人		
41	憲宗	成化十二年	1476	祁順	戶部郎中	頒立太子詔	《攷事撮要》
				張瑾	行人司左司副		
42	憲宗	成化十六年	1480	鄭同	太監	賜幣	《明實錄》
				姜玉	太監		
43	憲宗	成化十七年	1481	鄭同	太監	往封	《明實錄》
				金興	太監		
44	憲宗	成化十九年	1483	鄭同	太監	賚勑	《攷事撮要》
				金興	太監		
45	憲宗	成化二十三年	1487	董越	翰林院侍講	頒即位詔	《明實錄》
				王敞	工科右給事中		
46	孝宗	弘治五年	1492	艾璞	兵部郎中	頒立太子詔	《明實錄》
				高胤先	行人		
47	孝宗	弘治八年	1495	金輔	太監	往封諭祭	《明實錄》
				李珍	太監		
				王獻臣	行人		
48	孝宗	弘治十五年	1502	金輔	太監	往封世子	《明實錄》
				李珍	太監		
49	孝宗	弘治十八年	1505	徐穆	翰林院侍讀	頒即位詔	《明實錄》
				古蒔	吏科給事中		
50	武宗	正德三年	1508	李珍	太監	賜誥命及冕服	《攷事撮要》
				陳浩	太監		
51	武宗	正德十五年	1520	金義	太監	往封世子	《明實錄》
				陳浩	太監		

52	武宗	正德十六年	1521	金義	太監	齎敕	《明實錄》
				唐皋	翰林院修撰	頒即位詔	
				史道	兵科給事中		
53	世宗	嘉靖十五年	1536	龔用卿	翰林院修撰	頒皇子誕生詔	《明實錄》
				吳希孟	戶科給事中		
54	世宗	嘉靖十八年	1539	華察	翰林院侍讀	頒立太子詔	《攷事撮要》
				薛廷寵	工科左給事中		
55	世宗	嘉靖二十四年	1545	郭墩	內官	賜祭諡及賻	《明實錄》
				張承憲	行人		
				張奉	太監	賜誥命	《攷事撮要》
				吳猷	太監		
56	世宗	嘉靖二十五年	1546	劉遠	太監	賜祭諡及賻	《攷事撮要》
				王鶴	行人		
				聶寶	太監	賜誥命	
				郭鑾	太監		
57	穆宗	隆慶元年	1567	許國	翰林院檢討	頒即位詔	《明實錄》
				魏時亮	兵科給事中		
58	穆宗	隆慶元年	1567	姚臣	中官	吊祭往封	《明實錄》
				歐希稷	行人		
59	穆宗	隆慶二年	1568	成憲	翰林院檢討	頒立太子詔	《攷事撮要》
				王璽	兵科給事中		
60	穆宗	隆慶六年	1572	韓世能	翰林院編修	頒即位詔	《明實錄》
				陳三謨	吏科左給事中		

61	神宗	萬曆十年	1582	黃洪憲	翰林院編修	頒詔	《明實錄》
				王敬民	工科右給事中		
62	神宗	萬曆二十年	1592	薛潘	行人	詔諭	《明史》
63	神宗	萬曆二十三年	1595	李宗城	臨淮勳衛都督僉事	往封	《玅事撮要》
				楊邦亨	僉事		
				沈惟敬	兵部用		
64	神宗	萬曆二十六年	1598	徐觀瀾	兵科給事中	會勘東征功罪	《明實錄》
65	神宗	萬曆二十七年	1599	楊應文	刑科左給事中	查勘東事	《明實錄》
66	神宗	萬曆三十年	1602	顧天峻（埈）	翰林院侍講	頒立太子詔	《玅事撮要》
				崔廷健	行人		
67	神宗	萬曆三十三年	1605	朱之蕃	翰林院修撰	頒詔	《明實錄》
				梁有年	左給事中		
68	神宗	萬曆三十七年	1609	熊化	行人	賜祭諡及賻	《明實錄》
				劉用	太監	賜封王詔	《玅事撮要》
69	神宗	萬曆三十八年	1610	冉登	內官監少監	往封	《明實錄》
70	光宗	泰昌元年	1620	劉鴻訓	翰林院編修	頒即位詔	《明實錄》
				楊道寅	禮科給事中		
71	熹宗	天啟元年	1621	劉鴻訓	翰林院編修	頒即位詔	《明實錄》
				楊道寅	禮科都給事中		
				梁之垣	遼東南路監軍	勅諭	《明實錄》

72	熹宗	天啟二年	1622	范光裕	光祿寺署丞	齎敕獎勵	《明實錄》
73	熹宗	天啟五年	1625	王敏政	太監	往封	《明實錄》
				胡良輔	太監		
				姜曰廣	翰林院編修	齎詔宣諭	
				周洪謨	戶科給事中		
74	熹宗	天啟六年	1626	姜曰廣	翰林院編修	頒詔	《明實錄》
				王夢尹	兵科給事中		
75	思宗	崇禎六年	1633	程龍	參將	齎詔	《朝鮮王朝實錄》
76	思宗	崇禎七年	1634	盧維寧	太監	往封世子	《攷事撮要》

附表 1-3　明與朝鮮使節往來一覽表〔註1〕

（一）王氏高麗時期

明皇帝	年　號	西元年	使臣姓名	任　務	朝鮮國王	年　號	使臣姓名	任　務
太祖	洪武元年	1368	偰斯	賜璽書	恭愍王	十七年	洪尚載 李夏生	賀登極
太祖	洪武二年	1369	偰斯等	封王等	恭愍王	十八年	成惟得 金甲雨	謝恩
太祖	洪武三年	1370	徐師昊	祭山川	恭愍王	十九年	姜德贊等	謝賜冕服 貢方物
太祖	洪武四年	1371			恭愍王	二十年	姜仲祥等	賀壽
太祖	洪武五年	1372	延安答里	諭意	恭愍王	二十一年	韓邦彥等	貢物
太祖	洪武六年	1373	（宦者）	賜物及藥材	恭愍王	二十二年	盧禎等	謝賜藥貢物

〔註1〕本表係呈現明使節使朝鮮及朝鮮使明彼此往來之情形。

太祖	洪武七年	1374	林實週孳蔡斌	取馬	恭愍王	二十三年	周誼鄭庇等	貢物
太祖	洪武八年	1375		吊祭	辛禑王	元年	孫天用崔原等	貢馬告哀
太祖	洪武十一年	1378			辛禑王	四年	周誼等	貢馬
太祖	洪武十七年	1384			辛禑王	十年	崔涓張方平等	貢馬
太祖	洪武十八年	1385	張溥等	封王賜諡	辛禑王	十一年	尹虎趙胖等	請襲王爵
太祖	洪武十九年	1386	高家奴	市馬	辛禑王	十二年	姜淮伯等	貢馬及布
太祖	洪武二十年	1387			辛禑王	十三年	張士溫等	謝賜冠帶
太祖	洪武二十一年	1388	喜山等	求馬	辛禑王	十四年	禹仁烈等	請封
太祖	洪武二十二年	1389			恭讓王	元年	尹承順等	請親朝
太祖	洪武二十三年	1390			恭讓王	二年	鄭道傳等	賀聖節
太祖	洪武二十四年	1391	韓龍等	求馬	恭讓王	三年	楊天植等	獻馬
太祖	洪武二十五年	1392	康完者篤	往賜	恭讓王	四年	權仲和等	謝恩

（二）李氏朝鮮時期

明皇帝	年號	西元年	使臣姓名	任務	朝鮮國王	年　號	使臣姓名	任　務
太祖	洪武二十五年	1392			太祖	元年	韓尚質	請更國號
太祖	洪武二十六年	1393	黃永奇等	詔諭	太祖	二年	盧嵩等	貢馬謝恩
太祖	洪武二十七年	1394	盧他乃等	齎文	太祖	三年	李茂等	獻馬

太祖	洪武二十八年	1395			太祖	四年	金立堅等	貢方物賀正旦
太祖	洪武二十九年	1396	牛牛王禮等	宣諭聖旨	太祖	五年	安翊等	貢方物
太祖	洪武三十年	1397			太祖	六年	鄭允輔等	貢方物賀壽
惠帝	建文元年	1399			定宗	元年	金士衡等	賀登極弔祭
惠帝	建文二年	1400			定宗	二年	李至	賀聖節
惠帝	建文三年	1401	陸顒林士英祝孟獻等	賜金印彩幣藥材等	太宗	元年	趙溫	貢方物
惠帝	建文四年	1402	潘文奎等	賜冕服等	太宗	二年	何侖等	朝賀貢馬
成祖	永樂元年	1403	趙居任等	頒即位詔	太宗	三年	李貴齡等	朝賀貢物
成祖	永樂元年	1403	王延齡崔彬	賜物	太宗	三年	趙狷等	貢方物
成祖	永樂二年	1404	王俊用等	賜物	太宗	四年	李至等	貢方物
成祖	永樂三年	1405	鄭昇	選人	太宗	五年	許應等	貢方物謝恩
成祖	永樂四年	1406	黃儼	求銅佛	太宗	六年	契眉壽等	貢方物
成祖	永樂五年	1407	鄭昇、馮謹、黃儼	頒詔取舍利	太宗	七年	李龜鐵等	貢方物
成祖	永樂六年	1408	黃儼祁保	賜幣賜祭	太宗	八年	契眉壽等	貢方物
成祖	永樂七年	1409	黃儼、海壽、尹鳳	賜幣賜物	太宗	九年	李伯剛等	貢方物
成祖	永樂八年	1410	田嘉禾海壽	賜物	太宗	十年	尹向等	貢馬及方物
成祖	永樂九年	1411	黃儼	賜藥材	太宗	十一年	吳陞等	貢方物
成祖	永樂十年	1412			太宗	十二年	閔海異等	貢方物賀壽

成祖	永樂十一年	1413			太宗	十三年	曹士得等	貢方物
成祖	永樂十二年	1414			太宗	十四年	金九得等	賀壽
成祖	永樂十三年	1415			太宗	十五年	趙鏞等	貢方物賀壽
成祖	永樂十四年	1416			太宗	十六年	韓長壽等	貢方物賀壽
成祖	永樂十五年	1417	黃儼海壽	賜彩幣	太宗	十七年	鄭矩等	貢方物
成祖	永樂十六年	1418	黃儼陸善	頒敕賜書	太宗	十八年	延嗣宗等	貢馬及方物
成祖	永樂十七年	1419	黃儼、劉泉、韓確	往封	世宗	元年	李原等	謝恩
成祖	永樂十八年	1420	趙亮易節	賜祭	世宗	二年	洪敷等	貢方物
成祖	永樂十九年	1421			世宗	三年	申浩等	貢馬
成祖	永樂二十年	1422			世宗	四年	李伯剛等	貢方物賀正旦
成祖	永樂二十一年	1423	海壽等	賫敕	世宗	五年	李湛等	貢方物賀壽
成祖	永樂二十二年	1424			世宗	六年	權希達等	貢方物賀即位
仁宗	洪熙元年	1425	齊賢劉浩等	頒詔	世宗	七年	李潑等	貢馬謝賜藥材
宣宗	宣德元年	1426	金滿	賜祭	世宗	八年	朴礎等	貢方物
宣宗	宣德元年	1426	焦循盧進	頒即位詔	世宗	八年	李原等	賀即位
宣宗	宣德二年	1427	尹鳳	賜彩幣	世宗	九年	崔蠲等	貢方物賀壽
宣宗	宣德三年	1428	趙泉李約	詔立太子	世宗	十年	韓承順等	進方物
宣宗	宣德四年	1429	金滿昌盛尹鳳	賜物選人	世宗	十一年	韓惠等	貢馬及方物

宣宗	宣德五年	1430	昌盛 尹鳳	賜物	世宗	十二年	吳陞等	貢方物
宣宗	宣德六年	1431	昌盛 尹鳳等	令貢物	世宗	十三年	朴信生等	貢馬及方物
宣宗	宣德七年	1432	昌盛 尹鳳等	賜彩幣	世宗	十四年	田時貴等	貢馬 賀壽
宣宗	宣德八年	1433	昌盛等	賜幣 求物	世宗	十五年	姜籌等	貢馬及方物
宣宗	宣德九年	1434			世宗	十六年	成抑等	貢馬及方物
宣宗	宣德十年	1435	李約 李儀	敕諭	世宗	十七年	金益精等	貢馬及方物
英宗	正統元年	1436			世宗	十八年	李蓁等	貢馬及方物
英宗	正統二年	1437			世宗	十九年	李渲等	貢馬及方物
英宗	正統三年	1438			世宗	二十年	李祉等	貢馬及方物
英宗	正統四年	1439			世宗	二十一年	尹延命等	貢方物謝恩
英宗	正統五年	1440			世宗	二十二年	崔致雲等	貢方物
英宗	正統六年	1441			世宗	二十三年	金乙賢等	貢方物謝恩
英宗	正統七年	1442			世宗	二十四年	李季疄等	貢方物
英宗	正統八年	1443			世宗	二十五年	李孟畛等	貢方物
英宗	正統九年	1444			世宗	二十六年	柳守剛等	貢方物謝恩
英宗	正統十年	1445			世宗	二十七年	閔仲等	貢馬及方物
英宗	正統十一年	1446			世宗	二十八年	金何等	貢馬及方物
英宗	正統十二年	1447			世宗	二十九年	李穰等	貢方物

英宗	正統十三年	1448			世宗	三十年	安進等	貢馬及方物
英宗	正統十四年	1449	倪謙 司馬恂	頒即位詔	世宗	三十一年	鄭陟等	貢方物
代宗	景泰元年	1450	尹鳳 鄭善	諭祭冊封	世宗	三十二年	南智等	貢方物朝賀
代宗	景泰二年	1451			文宗	元年	趙石岡等	貢方物
代宗	景泰三年	1452	陳鈍 李寬	詔立太子	文宗	二年	李蕃等	貢海青
			金興 金宥	吊祭				告哀
代宗	景泰四年	1453			端宗	元年	吳靖等	貢方物
代宗	景泰五年	1454			端宗	二年	柳江等	上表 奉慰
代宗	景泰六年	1455			世祖	元年	李鳴謙等	貢馬及方物
代宗	景泰七年	1456	尹鳳 金興	賜誥命	世祖	二年	申叔舟等	貢馬及方物
英宗	天順元年	1457	陳鑑 高閏	頒復登寶位詔	世祖	三年	權聰等	貢馬及方物
英宗	天順二年	1458			世祖	四年	韓名瑜等	貢馬及方物
英宗	天順三年	1459	陳嘉猷	賷勅	世祖	五年	李禮孫等	貢馬及方物
英宗	天順四年	1460	張寧 武忠	賷勅	世祖	六年	咸禹治等	貢馬及方物
英宗	天順五年	1461			世祖	七年	李皎然等	貢馬及方物
英宗	天順六年	1462			世祖	八年	朴大孫等	貢方物
英宗	天順七年	1463			世祖	九年	柳子煥等	貢馬 進香
英宗	天順八年	1464	金湜 張珹	頒即位詔	世祖	十年	黃守身等	賀登極

憲宗	成化元年	1465			世祖	十一年	李仲英等	貢馬及方物
憲宗	成化二年	1466			世祖	十二年	金礦等	謝恩貢方物
憲宗	成化三年	1467			世祖	十三年	崔景禮等	貢海青文魚
憲宗	成化四年	1468	李滿姜玉金輔	賫勑	世祖	十四年	高台弼	獻俘
			鄭同崔安沈繪	冊封致祭			李石亨等	告哀
憲宗	成化五年	1469			睿宗	元年	洪允成等	謝恩貢方物
憲宗	成化六年	1470	金興姜浩	弔祭	成宗	元年	權瑊等	貢馬及方物
憲宗	成化七年	1471			成宗	二年	李克培等	貢馬及方物
憲宗	成化八年	1472			成宗	三年	成任等	貢馬及方物
憲宗	成化九年	1473			成宗	四年	李克墩等	貢馬及方物
憲宗	成化十年	1474			成宗	五年	韓致仍等	貢馬及方物
憲宗	成化十一年	1475			成宗	六年	玄碩圭等	貢馬及方物
憲宗	成化十二年	1476	祁順張瑾	頒立太子詔	成宗	七年	鄭效常等	賀立皇太子
憲宗	成化十三年	1477			成宗	八年	尹子靈等	貢方物
憲宗	成化十四年	1478			成宗	九年	玄碩圭等	貢馬及方物
憲宗	成化十五年	1479			成宗	十年	金瓘等	貢馬及方物
憲宗	成化十六年	1480	鄭同姜玉	賜幣	成宗	十一年	魚世謙等	獻建州之捷

憲宗	成化十七年	1481	鄭同金興	往封	成宗	十二年	韓名澮等	貢馬及方物
憲宗	成化十八年	1482			成宗	十三年	朴植等	貢馬及方物
憲宗	成化十九年	1483	鄭同金興	賫勅	成宗	十四年	韓名澮等	貢馬及方物
憲宗	成化二十年	1484			成宗	十五年	金堅壽等	貢馬及方物
憲宗	成化二十一年	1485			成宗	十六年	成俔等	貢馬及方物
憲宗	成化二十二年	1486			成宗	十七年	朴安性等	貢馬及方物
憲宗	成化二十三年	1487	董越王敞	頒即位詔	成宗	十八年	盧思慎等	賀登極及正旦
孝宗	弘治元年	1488			成宗	十九年	鄭致亨等	奉表慶賀
孝宗	弘治二年	1489			成宗	二十年	辛鑄等	貢方物謝恩
孝宗	弘治三年	1490			成宗	二十一年	尹效孫等	貢方物
孝宗	弘治四年	1491			成宗	二十二年	李陸等	貢方物
孝宗	弘治五年	1492	艾璞高胤先	頒立太子詔	成宗	二十三年	金自貞等	賀正旦貢方物
孝宗	弘治六年	1493			成宗	二十四年	李誼等	賀萬壽節
孝宗	弘治七年	1494			成宗	二十五年	河叔溥等	貢方物賀聖壽
孝宗	弘治八年	1495	金輔李珍王獻臣	往封諭祭	燕山君	元年	李季全等	告訃請諡
孝宗	弘治九年	1496			燕山君	二年	鄭敬祖等	貢方物
孝宗	弘治十年	1497			燕山君	三年	丘致崑等	貢方物
孝宗	弘治十一年	1498			燕山君	四年	曹偉等	貢方物

孝宗	弘治十二年	1499			燕山君	五年	李蓀等	貢馬及方物
孝宗	弘治十三年	1500			燕山君	六年	金永貞等	賀正旦貢方物
孝宗	弘治十四年	1501			燕山君	七年	李承健等	貢方物
孝宗	弘治十五年	1502	金輔 李珍	往封世子	燕山君	八年	李洗榮等	貢方物
孝宗	弘治十六年	1503			燕山君	九年	安潤等	貢方物
孝宗	弘治十七年	1504			燕山君	十年	申用溉等	賀聖壽貢方物
孝宗	弘治十八年	1505	徐穆 吉時	頒即位詔	燕山君	十一年	成洗名等	進香貢馬及方物
武宗	正德元年	1506			中宗	元年	安潤孫等	朝賀 貢馬及方物
武宗	正德二年	1507			中宗	二年	柳房等	貢馬及方物
武宗	正德三年	1508	李珍 陳浩	賜誥命	中宗	三年	朴原宗等	貢馬及方物
武宗	正德四年	1509			中宗	四年	韓允亨等	賀正旦貢馬及方物
武宗	正德五年	1510			中宗	五年	安瑭等	貢方物
武宗	正德六年	1511			中宗	六年	邊脩等	貢馬
武宗	正德七年	1512			中宗	七年	宋千喜等	賀聖壽貢馬及方物
武宗	正德八年	1513			中宗	八年	曹繼商等	貢方物
武宗	正德九年	1514			中宗	九年	金錫哲等	貢馬及方物
武宗	正德十二年	1517			中宗	十二年	李繼孟等	賀正旦貢馬及方物
武宗	正德十三年	1518			中宗	十三年	方有寧等	賀聖壽

武宗	正德十四年	1519			中宗	十四年	李洸應等	賀正旦
武宗	正德十五年	1520	金義陳浩	往封世子	中宗	十五年	金洸弼等	賀正旦貢馬及方物
武宗	正德十六年	1521	金義	賫敕	中宗	十六年	黃琛等	貢馬及方物
			唐皐史道	頒即位詔			孫澍等	朝賀獻方物
世宗	嘉靖元年	1522			中宗	十七年	金克成等	貢馬及方物
世宗	嘉靖二年	1523			中宗	十八年	孔瑞麟等	賀正旦貢馬及方物
世宗	嘉靖三年	1524			中宗	十九年	申鏛等	謝恩貢馬及方物
世宗	嘉靖四年	1525			中宗	二十年	鄭允謙等	賀聖壽貢馬及方物
世宗	嘉靖五年	1526			中宗	二十一年	金謹思等	賀正旦
世宗	嘉靖六年	1527			中宗	二十二年	李芑等	賀聖壽
世宗	嘉靖七年	1528			中宗	二十三年	韓效原等	貢馬及方物
世宗	嘉靖八年	1529			中宗	二十四年	李菡等	貢馬及方物
世宗	嘉靖九年	1530			中宗	二十五年	趙邦彥等	進馬賀聖壽
世宗	嘉靖十年	1531			中宗	二十六年	尹仍鏡等	貢馬及方物
世宗	嘉靖十三年	1534			中宗	二十九年	李承彥等	貢馬及方物
世宗	嘉靖十四年	1535			中宗	三十年	李享順等	謝恩貢馬賀壽
世宗	嘉靖十五年	1536	龔用卿吳希孟	頒詔	中宗	三十一年	宋璡等	貢馬及方物
世宗	嘉靖十六年	1537			中宗	三十二年	丁玉亨等	貢方物

世宗	嘉靖十七年	1538			中宗	三十三年	許寬等	入賀
世宗	嘉靖十八年	1539	華察 薛廷寵	頒立太子詔	中宗	三十四年	權撥等	奏請
世宗	嘉靖十九年	1540			中宗	三十五年	曹光遠等	貢馬及方物
世宗	嘉靖二十年	1541			中宗	三十六年	李希雍等	采賀進馬
世宗	嘉靖二十一年	1542			中宗	三十七年	安壇等	進香
世宗	嘉靖二十三年	1544			中宗	三十九年	宋璪等	賀萬壽
世宗	嘉靖二十四年	1545	郭墩 張承憲等	賜祭誥命	仁宗	元年	成洗昌等	貢方物
世宗	嘉靖二十五年	1546	劉遠 王鶴等	賜祭誥命	明宗	元年	南洗健 朴菁等	解送番人
世宗	嘉靖二十六年	1547			明宗	二年	金魯等	貢馬及方物
世宗	嘉靖二十七年	1548			明宗	三年	崔演等	貢方物
世宗	嘉靖二十九年	1550			明宗	五年	柳辰全等	入賀
世宗	嘉靖三十二年	1553			明宗	八年	李鐸等	獻紙
世宗	嘉靖三十三年	1554			明宗	九年	權轍等	謝恩貢方物
世宗	嘉靖三十四年	1555			明宗	十年	洪曇等	貢馬及方物
世宗	嘉靖三十五年	1556			明宗	十一年	尹釜等	入賀 進馬
世宗	嘉靖三十七年	1558			明宗	十三年	蔡廷會等	入貢 獻還
世宗	嘉靖三十八年	1559			明宗	十四年	姜暹等	賀聖壽

世宗	嘉靖四十一年	1562			明宗	十七年	姜士相等	入賀貢馬及方物
世宗	嘉靖四十二年	1563			明宗	十八年	金澍等	賀聖壽
世宗	嘉靖四十三年	1564			明宗	十九年	權應昌等	謝恩賀聖壽
世宗	嘉靖四十四年	1565			明宗	二十年	韓輆等	賀聖壽進馬及方物
穆宗	隆慶元年	1567	許國魏時亮	頒即位詔	明宗	二十二年	尹玉等	貢方物謝恩
			姚臣歐希稷	吊祭往封			朴大立等	貢馬及方物
穆宗	隆慶二年	1568	成憲王璽	頒立太子詔	宣祖	元年	柳景深等	貢馬及方物
穆宗	隆慶三年	1569			宣祖	二年	抑從善等	貢馬及方物
穆宗	隆慶四年	1570			宣祖	三年	李後白等	入賀貢馬
穆宗	隆慶五年	1571			宣祖	四年	洪淵等	貢方物
穆宗	隆慶六年	1572	韓世能陳三謨	頒即位詔	宣祖	五年	金啟等	賀聖壽
神宗	萬曆元年	1573			宣祖	六年	李後白等	奏請
神宗	萬曆二年	1574			宣祖	七年	李陽原等	貢方物
神宗	萬曆三年	1575			宣祖	八年	洪聖民等	謝恩貢方物
神宗	萬曆四年	1576			宣祖	九年	崔蓋國等	賀聖壽
神宗	萬曆五年	1577			宣祖	十年	尹斗壽等	謝恩賀聖壽獻方物
神宗	萬曆六年	1578			宣祖	十一年	郭越等	貢方物
神宗	萬曆七年	1579			宣祖	十二年	權擘等	貢馬及方物
神宗	萬曆八年	1580			宣祖	十三年	李增等	賀聖壽貢馬及方物

神宗	萬曆九年	1581			宣祖	十四年	權克禮等	貢方物賀聖壽
神宗	萬曆十年	1582	黃洪憲王敬民	頒詔	宣祖	十五年	孫軾等	慶賀進貢
神宗	萬曆十一年	1583			宣祖	十六年	鄭琢等	進賀貢方物
神宗	萬曆十二年	1584			宣祖	十七年	尹伊涵等	賀冬至
神宗	萬曆十三年	1585			宣祖	十八年	李友直等	入謝入賀
神宗	萬曆十四年	1586			宣祖	十九年	尹自新等	進賀
神宗	萬曆十五年	1587			宣祖	二十年	裴三益等	謝恩朝賀
神宗	萬曆十六年	1588			宣祖	二十一年	柳塤等	謝恩進賀
神宗	萬曆十七年	1589			宣祖	二十二年	尹根壽等	賀聖壽
神宗	萬曆十八年	1590			宣祖	二十三年	鄭琢等	貢馬及方物
神宗	萬曆二十年	1592	薛潘	詔諭	宣祖	二十五年	柳夢鼎等	賀聖壽
神宗	萬曆二十一年	1593			宣祖	二十六年	洪麟祥等	貢方物
神宗	萬曆二十二年	1594			宣祖	二十七年	金晬等	謝恩賀壽
神宗	萬曆二十三年	1595	李宗城楊邦亨沈惟敬	往封	宣祖	二十八年	韓準等	謝恩賀壽
神宗	萬曆二十四年	1596			宣祖	二十九年	韓應寅等	貢馬及方物
神宗	萬曆二十五年	1597			宣祖	三十年	沈善壽等	賀聖壽
神宗	萬曆二十六年	1598	徐觀瀾	會勘東征	宣祖	三十一年	金尚容等	貢方物

神宗	萬曆二十七年	1599	楊應文	查勘東事	宣祖	三十二年	尹安性等	賀聖壽
神宗	萬曆二十八年	1600			宣祖	三十三年	李好閔等	貢方物
神宗	萬曆二十九年	1601			宣祖	三十四年	鄭光績等	賀平播謝留糧賑饑
神宗	萬曆三十年	1602	顧天峻崔廷健	頒立太子詔	宣祖	三十五年	成泳等	貢馬及方物
神宗	萬曆三十一年	1603			宣祖	三十六年	李效原等	賀聖壽謝恩
神宗	萬曆三十二年	1604			宣祖	三十七年	李廷龜等	貢馬及方物
神宗	萬曆三十三年	1605	朱之蕃梁有年	頒詔	宣祖	三十八年	李相信等	進賀
神宗	萬曆三十四年	1606			宣祖	三十九年	尹烱等	請降敕諭
神宗	萬曆三十六年	1608			宣祖	四十一年	李好閔等	告訃請諡
神宗	萬曆三十七年	1609	熊化劉用	賜祭誥命	光海君	元年	柳夢寅等	貢方物賀聖壽
神宗	萬曆三十八年	1610	冉登	往封	光海君	二年	申欽等	乞封
神宗	萬曆三十九年	1611			光海君	三年	洪瑞奉等	賀壽
神宗	萬曆四十年	1612			光海君	四年	柳寅吉等	貢方物謝恩
神宗	萬曆四十一年	1613			光海君	五年	尹暄等	貢方物
神宗	萬曆四十二年	1614			光海君	六年	朴弘耇等	貢馬及方物
神宗	萬曆四十三年	1615			光海君	七年	李惕等	賀壽

神宗	萬曆四十四年	1616			光海君	八年	金鎏等	賀壽
神宗	萬曆四十五年	1617			光海君	九年	李廷龜等	貢馬及方物
神宗	萬曆四十六年	1618			光海君	十年	李士慶等	貢方物
神宗	萬曆四十七年	1619			光海君	十一年	李弘胄等	賀壽貢方物
神宗	萬曆四十八年	1620			光海君	十二年	李廷龜等	謝恩貢方物
光宗	泰昌元年	1620	劉鴻訓 楊道寅	頒即位詔	光海君	十二年		
熹宗	天啟元年	1621	劉鴻訓 楊道寅	頒即位詔	光海君	十三年	朴彝叙等	進香 謝恩
熹宗	天啟二年	1622	范光裕	齎敕 獎勵	光海君	十四年	吳允謙等	進貢 謝恩
熹宗	天啟三年	1623			仁祖	元年	趙溦等	貢方物賀壽
熹宗	天啟五年	1625	王敏政 胡良輔	往封	仁祖	三年	李得洞等	謝恩 進賀
			姜曰廣 周洪謨	齎詔 宣諭				
熹宗	天啟六年	1626	姜曰廣 王夢尹	頒詔	仁祖	四年	金象憲等	貢方物謝恩
思宗	崇禎元年	1628			仁祖	六年	洪霶等	入賀 進香
思宗	崇禎三年	1630			仁祖	八年	高申厚	請封
思宗	崇禎五年	1632			仁祖	十年	洪霽等	請追封
思宗	崇禎六年	1633	程龍	齎詔	仁祖	十一年	韓仁等	請封 謝恩
思宗	崇禎七年	1634	盧維寧	往封 世子	仁祖	十二年	宋錫慶等	謝恩

附表 1-4　明土木堡之變後至萬曆年間使節出使朝鮮作品及收錄於朝鮮《皇華集》之作品一覽表

項次	在位皇帝	出使時間	西元年	使臣姓名	作品集	收錄於《皇華集》
1	英宗	正統十四年	1449	倪謙	《遼海編》《朝鮮紀行》	《庚午皇華集》
	英宗	正統十四年	1449	司馬恂		《庚午皇華集》
2	英宗	天順元年	1457	陳鑑		《丁丑皇華集》
	英宗	天順元年	1457	高閏		《丁丑皇華集》
3	英宗	天順三年	1459	陳嘉猷		《己卯皇華集》
4	英宗	天順四年	1460	張寧	《方洲集》（《奉使錄》）	《庚辰皇華集》
5	英宗	天順八年	1464	金湜		《甲申皇華集》
	英宗	天順八年	1464	張珹（誠）		《甲申皇華集》
6	憲宗	成化十二年	1476	祁順	《巽川祁先生文集》	《丙申皇華集》
	憲宗	成化十二年	1476	張瑾		《丙申皇華集》
7	憲宗	成化二十三年	1487	董越	〈朝鮮賦〉《使東日錄》	《戊申皇華集》
	憲宗	成化二十三年	1487	王敞		《戊申皇華集》
8	孝宗	弘治五年	1492	艾璞		《壬子皇華集》
	孝宗	弘治五年	1492	高胤先		《壬子皇華集》
9	孝宗	弘治十八年	1505	徐穆		《丙寅皇華集》
	孝宗	弘治十八年	1505	吉時		《丙寅皇華集》
10	武宗	正德十六年	1521	唐皋		《辛巳皇華集》
	武宗	正德十六年	1521	史道		《辛巳皇華集》
11	世宗	嘉靖十五年	1536	龔用卿	《使朝鮮錄》	《丁酉皇華集》
	世宗	嘉靖十五年	1536	吳希孟	《使朝鮮集》	《丁酉皇華集》
12	世宗	嘉靖十八年	1539	華察		《己亥皇華集》
	世宗	嘉靖十八年	1539	薛廷寵		《己亥皇華集》
13	世宗	嘉靖二十四年	1545	張承憲		《乙巳皇華集》

14	世宗	嘉靖二十五年	1546	王鶴		《丙午皇華集》
15	穆宗	隆慶元年	1567	許國	《朝鮮日記》	《丁卯皇華集》
	穆宗	隆慶元年	1567	魏時亮		《丁卯皇華集》
16	穆宗	隆慶元年	1567	歐希稷		《戊辰皇華集》
	穆宗	隆慶二年	1568	成憲		《戊辰皇華集》
	穆宗	隆慶二年	1568	王璽		《戊辰皇華集》
17	穆宗	隆慶六年	1572	韓世能		《癸酉皇華集》
	穆宗	隆慶六年	1572	陳三謨		《癸酉皇華集》
18	神宗	萬曆十年	1582	黃洪憲	《朝鮮國紀》	《壬午皇華集》
	神宗	萬曆十年	1582	王敬民		《壬午皇華集》
19	神宗	萬曆三十年	1602	顧天峻（埈）		《壬寅皇華集》
	神宗	萬曆三十年	1602	崔廷健		《壬寅皇華集》
20	神宗	萬曆三十三年	1605	朱之蕃	《奉使朝鮮稿》	《丙午皇華集》
	神宗	萬曆三十三年	1605	梁有年		《丙午皇華集》
21	神宗	萬曆三十七年	1609	熊化	《靜儉堂集》	《己酉皇華集》

附表2-1　琉球三山時代統一前明使節出使琉球一覽表

項次	在位皇帝	年　號	西元年	使臣姓名	出使身份	出使任務	著　作	資料來源
1	太祖	洪武五年	1372	楊載	行人	頒即位詔		《明史》
2	太祖	洪武七年	1374	李浩	刑部侍郎	賜物、市馬及硫磺		《明實錄》
				梁子名	通事			
3	太祖	洪武十六年	1383	梁民	內使監丞	賜詔市馬		《明實錄》
				路謙	尚佩監奉御			
4	惠帝	建文元年	1399			登極詔諭		《明史》
5	成祖	永樂元年	1403	邊信	行人	登即位詔		《明史》
				劉亢	行人			《明實錄》

6	成祖	永樂二年	1404	時中	行人	賜祭齎詔		《明實錄》《球陽》
7	成祖	永樂十三年	1415	陳季芳	行人	齎詔封山南王		《明實錄》《球陽》
8	成祖	永樂二十二年	1424	周彝齎	行人	賜祭		《明實錄》
9	仁宗	洪熙元年	1425	柴山	中官	冊封	〈大安禪寺碑記〉〈千佛靈閣碑記〉	《明實錄》
10	宣宗	宣德三年	1428	柴山	內官	賜物		《明實錄》
				阮漸	內官			

附表 2-2　琉球三山時代統一後明使節出使琉球一覽表

項次	在位皇帝	年號	西元年	使臣姓名	出使身份	出使任務	著　作	資料來源
1	宣宗	宣德七年	1432	柴山	內官	齎敕往諭日本		《明實錄》
2	英宗	正統七年	1442	余忭	禮科給事中	冊封		《明實錄》
				劉遜	行人			
3	英宗	正統十二年	1447	陳博	禮科給事中	諭祭冊封		《明實錄》
				萬祥	行人			
4	代宗	景泰二年	1451	喬毅	左給事中	諭祭冊封		《明實錄》
				童守宏	行人			
5	代宗	景泰六年	1455	嚴誠	給事中	冊封		《明實錄》
				劉儉	行人			
6	英宗	天順六年	1462	潘榮	吏科右給事中	諭祭冊封	〈中山八景記〉	《明實錄》
				蔡哲	行人			
7	憲宗	成化七年	1471	官榮	兵科給事中	冊封		《明實錄》
				韓文	行人			
8	憲宗	成化十六年	1480	董旻	兵科給事中	冊封		《明實錄》
				張祥	行人司右司副			

9	世宗	嘉靖十一年	1532	陳侃	吏科左給事中	冊封	《使琉球錄》	《明實錄》
				高澄	行人		〈操舟記〉	
10	世宗	嘉靖三十七年	1558	郭汝霖	刑科右給事中	冊封	《使琉球錄》	《明實錄》
				李際春	行人			
11	神宗	萬曆四年	1576	蕭崇業	戶科左給事中	冊封	《使琉球錄》	《明實錄》
				謝杰	行人		《琉球錄撮要補遺》	
12	神宗	萬曆三十三年	1605	夏子陽	兵科給事中	冊封	《使琉球錄》	《明實錄》
				王士楨	行人		《琉球入太學始末》	
13	思宗	崇禎二年	1629	杜三策	戶科給事中	冊封	從客胡靖《杜天使冊封琉球真記奇觀》	《明實錄》
				楊掄	行人			

附表 2-3　明與琉球使節往來一覽表〔註2〕

（一）三山時代統一前

明皇帝	年號	西元年	使臣姓名	任務	琉球國王	年號	使臣姓名	任務
太祖	洪武五年	1372	楊載	頒即位詔	察度王	二十三年	泰期	奉表稱臣貢物
太祖	洪武七年	1374	李浩梁子名	賜物市馬硫磺	察度王	二十七年	泰期	賀元旦
太祖	洪武十六年	1383	梁民	賜詔	中山察度王	三十四年	亞蘭匏	賀元旦
			路謙	市馬	山南王承察度	三十四年	師惹	入貢
成祖	永樂元年	1403	邊信	登即位詔	武寧王	八年	三吾良亹	奉表貢物
			劉亢		攀安知王		善住姑那	

〔註2〕本表係呈現明使節使琉球及琉球使明彼此往來之情形。

成祖	永樂二年	1404	時中	賜祭 齎詔	武寧王	五年	三吾良亹	告哀
成祖	永樂十三年	1415	陳季芳	封山南王	他魯每王	十年	鄔是佳結制	貢物
仁宗	洪熙元年	1425	柴山	冊封	尚巴志王	四年	模都古	謝恩 進香
宣宗	宣德三年	1428	柴山 阮漸	賜物	尚巴志王	七年	鄭義才	謝恩
宣宗	宣德七年	1432	柴山	往諭日本	尚巴志王	十一年	物志麻	謝恩

（二）三山時代統一後

明皇帝	年　號	西元年	使臣姓名	任　務	琉球國王	年　號	使臣姓名	任　務
宣宗	宣德七年	1432	柴山	諭日本	尚巴志王	十一年	物志麻	謝恩
英宗	正統七年	1442	余忭 劉遜	冊封	尚忠王	三年	梁求保	入貢 告哀
英宗	正統十二年	1447	陳博 萬祥	諭祭 冊封	尚思達王	三年	梁球	告哀 請封
代宗	景泰二年	1451	喬毅 童守宏	諭祭 冊封	尚金福王	二年	察都 亞間美	入貢
代宗	景泰六年	1455	嚴誠劉儉	冊封	尚泰久王	二年	梁回	入貢
英宗	天順六年	1462	潘榮 蔡哲	諭祭 冊封	尚德王	二年	程鵬	入貢 告哀
憲宗	成化七年	1471	官榮 韓文	冊封	尚圓王	二年	蔡璟	告哀 請封
憲宗	成化十六年	1480	董旻 張祥	冊封	尚真王	四年	馬怡世	謝恩
世宗	嘉靖十一年	1532	陳侃 高澄	冊封	尚清王	六年	金良寶	請封
世宗	嘉靖三十七年	1558	郭汝霖 李際春	冊封	尚元王	三年	蔡廷會	入貢 請封
神宗	萬曆四年	1576	蕭崇業 謝杰	冊封	尚永王	四年	蔡明器	入貢

| 神宗 | 萬曆三十三年 | 1605 | 夏子陽 王士楨 | 冊封 | 尚寧王 | 十七年 | 鄭俊 毛鳳朝 | 謝恩 |
| 思宗 | 崇禎二年 | 1629 | 杜三策 楊掄 | 冊封 | 尚寧王 | 四十一年 | | |

附表 3-1　明洪武年間至安南屬明前出使一覽表

項次	在位皇帝	年　　號	西元年	使臣姓名	出使身份	出使任務	資料來源
1	太祖	洪武元年	1368	劉迪簡	尚賓館副使	頒詔	《殊域周咨錄》
2	太祖	洪武元年	1368	易濟	漢陽知府	頒詔	《殊域周咨錄》《明太祖實錄》
3	太祖	洪武二年	1369	張以寧	翰林侍讀學士	冊封	《殊域周咨錄》《明太祖實錄》
				牛諒	典簿	冊封	《殊域周咨錄》《明太祖實錄》
4	太祖	洪武二年	1369	羅復仁	翰林編脩	調解安南占城邊境事	《明太祖實錄》
				張福	兵部主事	調解安南占城邊境事	《明太祖實錄》
5	太祖	洪武三年	1370	佚名	使節	祀諸山川	《明太祖實錄》
6	太祖	洪武三年	1370	王廉	翰林編脩	弔祭	《明太祖實錄》
				林唐臣	吏部主事	冊封	《殊域周咨錄》《明太祖實錄》
7	太祖	洪武三年	1370	佚名	使節	頒科舉詔	《明太祖實錄》
8	太祖	洪武三年	1370	佚名	使節	頒平沙漠詔	《明太祖實錄》
9	太祖	洪武三年	1370	夏祥鳳	秘書監直長	頒詔	《明太祖實錄》
10	太祖	洪武十年	1377	林唐臣	使節	賜書	《林登州集》
				吳伯宗	禮部員外郎	賜書	《林登州集》
				韓子煜	順慶府照磨	賜書	《林登州集》
11	太祖	洪武十一年	1378	陳能	中官	弔祭	《明太祖實錄》
12	太祖	洪武十二年	1379	佚名	使節	頒〈遣使外國儀注〉	《明太祖實錄》

13	太祖	洪武十二年	1379	佚名	使節	詔諭安南、占城息兵	《明太祖實錄》
14	太祖	洪武十七年	1384	楊盤	國子助教	徵糧餉助雲南	《明太祖實錄》《大越史記全書》
				許源	使節	徵糧餉助雲南	《欽定越史通鑑綱目》《大越史記全書》
15	太祖	洪武十八年	1385	佚名	使節	求僧人	《欽定越史通鑑綱目》《大越史記全書》
16	太祖	洪武十九年	1386	林孛	使節	求樹子	《大越史記全書》
17	太祖	洪武十九年	1386	李英	錦衣衛舍人	索象五十隻	《大越史記全書》
18	太祖	洪武二十一年	1388	邢文偉	禮部郎中	齎敕賞賜	《明史・外國傳》
				鄔濂	使節	齎敕賞賜	《大越史記全書》
				杜子賢	使節	齎敕賞賜	《大越史記全書》
19	太祖	洪武二十八年	1395	任亨泰	禮部尚書	諭以討龍州趙宗壽	《明太祖實錄》
				嚴震直	監察御史	諭以討龍州趙宗壽	《明太祖實錄》
20	太祖	洪武二十八年	1395	佚名	使節	求僧人、按摩女、火者	《大越史記全書》
21	太祖	洪武二十八年	1395	楊靖	前刑部尚書	諭安南輸糧助軍餉	《明太祖實錄》
22	太祖	洪武二十九年	1396	陳誠	行人	往諭還地	《殊域周咨錄》《明太祖實錄》
				呂讓	行人	往諭還地	《殊域周咨錄》《明太祖實錄》
23	成祖	永樂元年	1403	鄔脩	行人	詔諭	《大越史記全書》
24	成祖	永樂元年	1403	楊渤	行人	詔諭	《殊域周咨錄》《明太宗實錄》
25	成祖	永樂元年	1403	呂讓	行人	賞賜	《明太宗實錄》
				丘智	行人	賞賜	《明太宗實錄》

26	成祖	永樂元年	1403	夏止善	禮部郎中	封詔	《明太宗實錄》《明史‧外國傳》
27	成祖	永樂二年	1404	佚名	使節	敕諭	《明太宗實錄》
28	成祖	永樂三年	1405	佚名	使節	求割地	《大越史記全書》
29	成祖	永樂三年	1405	阮宗道	內官		《大越史記全書》
30	成祖	永樂三年	1405	聶聰	行人	詔諭	《殊域周咨錄》《明太宗實錄》《明史‧外國傳》
31	成祖	永樂三年	1405	李琦	監察御史	詔諭	《明太宗實錄》
				王樞	行人	詔諭	《殊域周咨錄》《明太宗實錄》

附表 3-2　明宣德安南獨立後至明末使節出使一覽表

項次	在位皇帝	年　號	西元年	使臣姓名	出使身份	出使任務	資料來源
1	宣宗	宣德二年	1427	李琦	禮部左侍郎	詔撫諭	《明宣宗實錄》
				羅汝敬	工部右侍郎	詔撫諭	《明宣宗實錄》
				黃驥	通政司右通政	詔撫諭	《明宣宗實錄》
				徐永達	鴻臚寺卿	詔撫諭	《明宣宗實錄》
2	宣宗	宣德四年	1429	李琦	禮部侍郎	詔諭黎利	《明宣宗實錄》
				徐永達	鴻臚寺卿	詔諭黎利	《明宣宗實錄》
				張聰	行人	詔諭黎利	《明宣宗實錄》
3	宣宗	宣德六年	1431	章敞	禮部右侍郎	詔權署國事	《明宣宗實錄》
				徐琦	右通政	詔權署國事	《明宣宗實錄》
4	宣宗	宣德八年	1433	徐琦	兵部侍郎	詔諭黎利	《明宣宗實錄》
				郭濟	行人	詔諭黎利	《明宣宗實錄》
5	宣宗	宣德九年	1434	朱弼	行人	弔祭	《明宣宗實錄》
				郭濟	行人	弔祭	《明宣宗實錄》
6	宣宗	宣德九年	1434	章敞	侍郎	詔諭	《明宣宗實錄》
				侯璡	行人	詔諭	《明宣宗實錄》
7	宣宗	宣德十年	1435	朱弼	行人	諭即位	《大越史記全書》
				謝經	行人	諭即位	

8	英宗	正統元年	1436	李郁	兵部右侍郎	冊封	《明英宗實錄》
				李亨	通政使司左通政	冊封	《明英宗實錄》
9	英宗	正統三年	1438	湯鼎	給事中	詔諭地方事	《明英宗實錄》
				高寅	行人	詔諭地方事	《明英宗實錄》
10	英宗	正統八年	1443	程璉	行人	弔祭	《大越史記全書》
11	英宗	正統八年	1443	宋傑	光祿寺少卿	冊封	《明英宗實錄》
				薛謙	兵科給事中	冊封	《明英宗實錄》
12	代宗	景泰二年	1451	邊永	行人	諭即位	《大越史記全書》
				陳惠	進士	諭即位	《大越史記全書》
13	代宗	景泰三年	1452	陳金	刑部郎中	諭立太子	《明英宗實錄》
				郭仲南	行人	諭立太子	《明英宗實錄》
14	英宗	天順元年	1457	黃諫	尚寶司卿兼侍講	詔諭英宗復位、立太子	《國朝獻徵錄》《大越史記全書》
				鄒允隆	太樸寺丞		《大越史記全書》
15	英宗	天順六年	1462	劉秩	行人司司正	弔祭	《大越史記全書》
16	英宗	天順六年	1462	錢溥	翰林院侍讀學士	冊封	《明英宗實錄》
				王豫	禮科給事中	冊封	《明英宗實錄》
				柴昇	司禮監太監	買香料	《明英宗實錄》
				張榮	奉御	買香料	《明英宗實錄》
				張俊	指揮僉事	買香料	《大越史記全書》
17	英宗	天順八年	1464	淩信	尚寶司卿	諭即位	《明憲宗實錄》
				邵震	行人司司正	諭即位	《明憲宗實錄》
18	憲宗	成化十一年	1475	郭景	金吾衛指揮使	追捕逃亡	《大越史記全書》
19	憲宗	成化十一年	1475	樂章	禮部郎中	諭立太子	《明憲宗實錄》
				張廷綱	行人	諭立太子	《明憲宗實錄》
20	憲宗	成化二十三年	1487	劉戟	翰林侍講	諭即位	《明孝宗實錄》
				呂獻	刑科給事中	諭即位	《明孝宗實錄》
21	孝宗	弘治五年	1492	沈庠	刑部郎中	諭立太子	《明孝宗實錄》
				董緅	行人	諭立太子	《明孝宗實錄》
22	孝宗	弘治十年	1497	徐鈺	行人	弔祭	《明孝宗實錄》

23	孝宗	弘治十一年	1498	梁儲	司經局洗馬	冊封	《明孝宗實錄》
				王縝	兵科給事中	冊封	《明孝宗實錄》
24	孝宗	弘治十八年	1505	何霈	行人	弔祭	《大越史記全書》《蒼梧軍門志》
				沈燾	翰林院編修	冊封	《明武宗實錄》
				許天錫	工科左給事中	冊封	《明武宗實錄》
25	孝宗	弘治十八年	1505	張弘至	戶科給事中	諭即位	《明武宗實錄》
	武宗	正德元年	1506	魯鐸	翰林院編修	諭即位	《明武宗實錄》
26	武宗	正德七年	1512	湛若水	翰林編修	冊封	《竹澗集》《大越史記全書》《蒼梧軍門志》
				潘希曾	邢科右給事中	冊封	《竹澗集》《大越史記全書》《蒼梧軍門志》
27	武宗	正德十六	1521	孫承恩	編修	諭即位	《明世宗實錄》
				李錫	禮科給事中	諭即位	《明世宗實錄》
28	神宗	萬曆二十五年	1597	王建立	委官	催貢會勘	《大越史記全書》
29	思宗	崇禎三年	1630	二部使	使節	催貢禮	《大越史記全書》

附表 3-3　明與安南使節往來一覽表〔註3〕

明皇帝	年　號	西元年	使臣姓名	任　務	安南國王	年　號	使臣姓名	任　務
太祖	洪武二年	1369	張以寧	冊封	陳紀裕宗	己酉十二年	同時敏	朝貢請封
			牛諒	冊封			段悌	
太祖	洪武三年	1370	王廉	弔祭	陳紀藝宗	紹慶元年	杜舜欽	告哀請命
			林唐臣	冊封				
成祖	永樂元年	1403	鄔脩	諭即位	胡漢蒼	開大元年	佚名	賀即位
成祖	永樂二年	1404	呂讓	賞賜	胡漢蒼	開大二年	佚名	謝恩
			丘智	賞賜				

〔註3〕本表係呈現明使節使安南及安南使明彼此往來之情形。

宣宗	宣德九年	1434	朱弼	弔祭	黎紀太宗	紹平元年	黎柄	謝吊祭
			郭濟	弔祭			潘寧	
宣宗	宣德九年	1434	章敞	詔諭	黎紀太宗	紹平元年	阮宗胄	求封
			侯璡	詔諭			戴良弼	求封
宣宗	宣德十年	1435	朱弼	諭即位	黎紀太宗	乙卯二年	阮文絢	賀即位
			謝經				梁天福	
英宗	正統元年	1436	李郁	冊封	黎紀太宗	丙辰三年	陶公僎	求封
			李亨	冊封			阮叔惠	求封
英宗	正統八年	1443	程璹	弔祭	黎紀太宗	壬戌三年	何甫	謝祭
			宋傑	冊封			程昱	謝冊封
			薛謙	冊封			程清	
代宗	景泰二年	1451	邊永	諭即位	黎紀仁宗	辛未九年	程真	賀即位
			陳惠				阮廷美	
代宗	景泰三年	1452	陳金	諭立太子	黎紀仁宗	壬申十年	范瑜	賀立太子
			郭仲南				阮伯驥	
英宗	天順元年	1457	黃諫	諭即位、立太子	黎紀仁宗	丁丑四年	黎希葛	賀即位、立太子
			鄒允隆				鄭鐵長	
英宗	天順六年	1462	劉秩	弔祭	黎紀聖宗	壬午三年	黎公路	謝祭
			錢溥	冊封			裴祐	謝冊封
			王豫	冊封				
英宗	天順八年	1464	凌信	諭即位	黎紀聖宗	甲申五年	黎友直	賀即位
			邵震				楊宗海	
憲宗	成化十二年	1476	樂章	諭立太子	黎紀聖宗	丙申七年	裴山	賀立太子
			張廷綱				王克述	
孝宗	弘治元年	1488	劉戟	諭即位	黎紀聖宗	戊申十九年	覃文禮	賀即位
			呂獻				王克述	
孝宗	弘治五年	1492	沈庠	諭立太子	黎紀聖宗	癸丑二十四年（1493）	阮弘碩	賀立太子
			董緼				黎嵩	
孝宗	弘治十一年	1498	梁儲	冊封	黎紀憲宗	景統三年（1500）	劉興孝	謝冊封
			王縝	冊封			杜網	
孝宗	弘治十八年	1505	何霈	弔祭	黎紀威穆帝	丁卯端慶三年（1507）	阮瓖	謝祭
			沈熹	冊封			黎嵩	謝冊封
			許天錫	冊封			丁貞	

武宗	（弘治十八年）正德元年	1505 1506	張弘至 魯鐸	諭即位	黎紀威穆帝	端慶三年（1507）	楊直源 宗文	賀即位
武宗	正德七年	1512	湛若水 潘希曾	冊封 冊封	黎紀襄翼帝	洪順五年（1513）	阮莊 阮瑯	謝冊封
神宗	萬曆二十五年	1597	王建立	催貢會勘	黎紀世宗	丁酉二十年	馮克寬	歲貢

附表 3-4 明使節出使安南作品一覽表

項次	在位皇帝	出使時間	西元年	使臣姓名	作品集	留存情形〔註4〕
1	太祖	洪武二年	1369	張以寧	《安南紀行集》	詩歌98首，文8篇，存於《翠屏集》
2	太祖	洪武二年	1369	牛諒		詩2首，一首存於張以寧《翠屏集》中、一首挽詩存於《大越史記全書》
3	太祖	洪武三年	1370	王廉	《南征錄》（佚）	今僅存宋濂〈南征錄序〉，收錄於其《文憲集》
4	太祖	洪武三年	1370	林唐臣（林弼）	《使安南集》	詩122首，收錄於《林登州集》
	太祖	洪武十年	1377			
5	太祖	洪武十年	1377	吳伯宗		詩3首，存於《榮進集》
6	太祖	洪武二十八年	1395	任亨泰	《使交稿》	詩61首，見於《景印狀元任先生遺稿》
7	太祖	洪武二十九年	1396	陳誠		詩3首，外交書信5封，存於《陳竹山先生文集》。
8	成祖	永樂四年	1406	黃福		詩約72首，〈奉使安南水程日記〉一篇，收錄於《黃忠宣公文集》。
9	宣宗	宣德六年	1431	章敞		詩約62首，收錄於《明永樂甲申會魁禮部左侍郎會稽質菴章公詩集》
	宣宗	宣德九年	1434			
10	英宗	天順元年	1457	黃諫	《使南稿》	已佚。
11	英宗	天順六年	1462	錢溥	《使交錄》	已佚，今僅存外交書信〈與安南國王書〉7封。

〔註4〕明使節出使安南的作品看似眾多，實則亡佚者更多，因此本表特別標註作品留存情形。

12	孝宗	弘治十一年	1498	梁儲		詩約 4 首，存於《鬱洲遺稿》（十卷）
13	孝宗	弘治十一年	1498	王縝		詩約 87 首，另附與安南君臣和韻詩 7 首，存於《梧山王先生集》。
14	孝宗	弘治十八年	1505	許天錫	《使安南稿》	百餘首，今僅見載於明·徐勃《榕陰新檢》中，未見各詩內容（已佚）。
15	孝宗	弘治十八年	1505	張弘至	《使交錄》	詩歌 148 首，另附安南君臣和韻詩 7 首，載於其父張弼《張東海文集》附錄《萬里志》。
16	武宗	正德元年	1506	魯鐸	《使交稿》	詩 91 首，收錄於《魯文恪公文集》
17	武宗	正德七年	1512	湛若水		詩約 60 首及〈交南賦〉一篇，分別收錄於《甘泉湛子古詩選》及《樵風》。
18	武宗	正德七年	1512	潘希曾	《南封錄》	詩約 44 首，收錄於《竹澗集》。
19	武宗	正德十六年	1521	孫承恩	《使交紀行》	近 140 首詩及〈南征賦〉、〈北歸賦〉，收錄於《文簡集》。

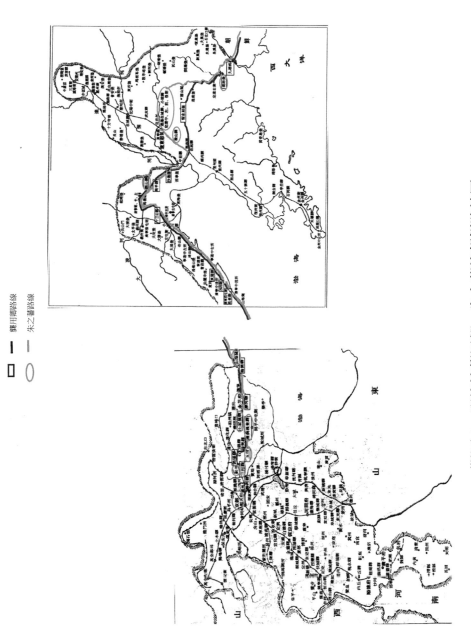

附圖 1　明使節龔用卿、朱之蕃使朝鮮路線圖

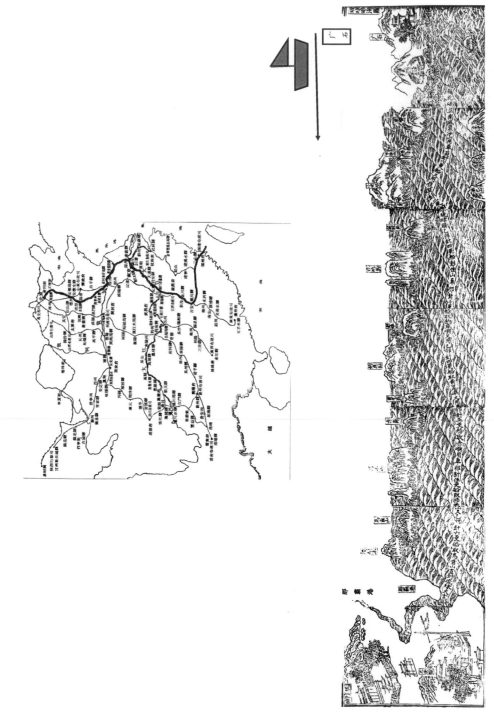

附圖 2　明使節郭汝霖使琉球路線圖

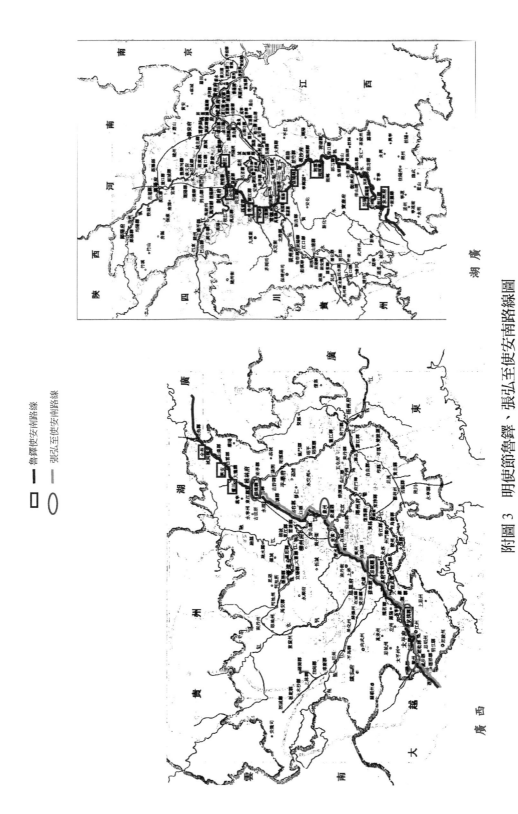

附圖 3　明使節魯鐸、張弘至使安南路線圖

□ — 魯鐸使安南路線
○ — 張弘至使安南路線

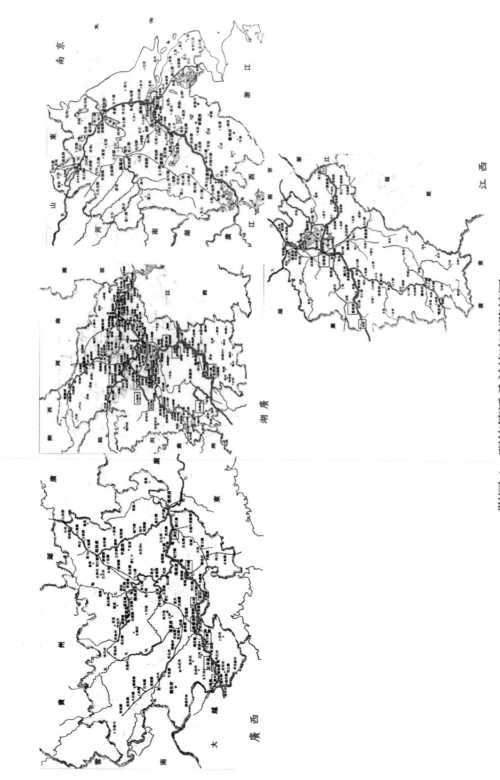

附圖 4　明使節潘希曾使安南路線圖